専手必笑!
インクルーシブ教育の基礎・基本と学級づくり・授業づくり

関田聖和 著

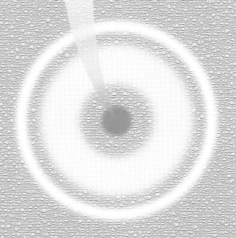

黎明書房

はじめに

　タイトルにある「専手必笑」とは，私の造語です。それは，「教師の専門性を活かし，文字通り先手必勝となる手立てを学び続け，それを子どもたちへ提示する。教師の言動に笑顔は必須条件」ということです。「専手必笑」をすると，必ずみんな笑顔になるとの願いを込めて使っています。

　さて，特別支援教育がスタートして 10 年余りになります。文部科学省は，特別支援教育とは，不登校といじめの未然防止であると言っていますが，現場では，どうでしょうか。不登校といじめはなくなりました，もしくは，減少しましたと言える学校は，いくつあるのでしょうか。
　今日本は，さらに一歩進んで，「インクルーシブ教育システム」の構築を進めだしました。様々な環境整備をはじめ，これから徐々に進んでいくのでしょう。特別支援学校は，様々な設備が完璧とは言えませんが，一般校と比べると整っています。しかし，通常の学級を擁する一般校では，一部の地域を除き，インクルーシブ教育には，ほど遠いのが現状でしょう。

　第 1 章では，インクルーシブ教育について，これまでの経緯を振り返り，通常の学級で求められることは何かについてまとめました。
　そして，第 2 章では，基礎的環境整備と合理的配慮について，大切なことを確認し，自身の考えをまとめました。

第3章では，実態把握と背景理解が大切であることを述べ，通常の学級における教室環境について提案をしました。

第4章では，通常の学級における学級集団づくりの視点から，集団への働きかけや困っている子どもへのアプローチの考えを提案しました。

第5章では，学習のベースとなる学習集団に着目し，授業における支援をまとめました。

第6章では，各教科における支援の手立てを挙げました。こちらは，その教科のみの手立てではなく，他の教科への応用もできるものになっています。

本書は，インクルーシブ教育についてこれから学ばれる方，そして，何かしらの手立てのヒントがほしいと思っておられる方を対象にまとめました。少しでも，インクルーシブ教育への理解が進むことを願っています。先生方だけでなく，多くの理解がある大人が増えていくことを願ってやみません。そして，読者皆様の一助になれば，これに勝る喜びはありません。

2018年7月

関田聖和

目 次

はじめに　1

第1章　インクルーシブ教育システムってなあに？..................................9

1　インクルーシブ教育システムって？　10

2　インクルーシブ教育システム構築までの流れ　14

3　通常の学級で求められること　17

4　障害の捉え方って？　19

5　新しい学びで，社会の変化に対応。「何ができるようになるか」　21

6　「何を学ぶか」「どのように学ぶか」　23

7　「特性支援教育だ」　25

第2章　基礎的環境整備と合理的配慮ってなあに？............27

1　基礎的環境整備って？　28

2　合理的配慮って？　30

3　合理的配慮には，2つの視点がある　32

4　基礎的環境整備と合理的配慮の関係　36

5　それぞれの注意したいこと　38

6　障害のある児童生徒が在籍している可能性があることを前提に　40

7　障害から困難さへ　42

第3章　専手必笑！ 通常の学級における教室環境............45

1　手立ては，あとから。まずは，背景理解　46

2 ものの置き場所　48

3 授業の構造化　50

4 座席の構造化　52

5 掲示物の構造化　54

6 板書の構造化　56

7 視覚刺激・聴覚刺激の調整　58

第4章　専手必笑！ 学級集団づくり··61

1 ルールの明文化　62

2 当番や係活動を取り組みやすくする　64

3 みんなちがってみんないい　66

4 誰もが過ごせる楽しい雰囲気　68

第5章　専手必笑！ 学習集団づくり··71

1 学級集団と学習集団　72

2 学習活動に参加できる集団（班，小グループ）　76

3 学習参加するためのスキルなどを小集団で指導してもらう　78

4 困難さを感じた時の行動の仕方　80

5 個別に説明する　82

6 子どもの話は，傾聴姿勢で　84

7 視覚化する　86

8 不器用さ，運動の苦手さ　88

9 時には，好きなことで得意顔　90

10 ほめ言葉のシャワー　92

11 困っていることなあに？　94

目次

第6章　専手必笑！ 困っている子どもへの手立て ……………… 97

国語
① 文章を目で追いながら音読することが困難な子ども　98
② 登場人物の心情や情景を想像することが困難な子ども　99

社会
① 地図等の資料から必要な情報を見付け，読み取ることが困難な子ども　101
② 学習課題に気付くことが困難な子ども　103
③ 予想を立てることが困難な子ども　103

算数
① 抽象度の高い言葉の理解が困難な子ども　105
② 文章を読み取り，数量の関係を式を用いて表すことが困難な子ども　106
③ 空間図形のもつ性質を理解することが困難な子ども　107
④ データを目的に応じてグラフに表すことが困難な子ども　108

理科
① 実験の手順や方法を理解することが困難であったり，見通しがもてなく学習活動に参加することが困難な子ども　109
② 燃焼実験のように危険を伴う学習活動において，危険に気付きにくい子ども　110
③ 自然の事物・現象を観察する活動において，時間をかけて観察することが困難な子ども　111

生活
① 言葉での説明や指示だけでは，安全に気を付けることが困難な子ども　112
② みんなで使うもの等を大切に扱うことが困難な子ども　113

音楽

① 音楽を形づくっている要素，リズムを取るのが困難な子ども 114

② 多くの声部が並列している楽譜など，情報量が多く，自分が どこに注目したらよいのか混乱しやすい子ども 115

図画工作

① 変化を見分けたり，微妙な違いを感じ取ったりすることが困難な子ども 116

② 形や色などの特徴を捉えることや，自分のイメージを持つことが困難な子ども 117

家庭科

① 学習に集中したり，持続したりすることが困難な子ども 118

② 周囲の状況に気が散りやすく，包丁，アイロン，ミシンなどの用具を安全に使用することが困難な子ども 119

体育

① 複雑な動きをしたり，バランスを取ったりすることに困難がある子ども 120

② 勝ち負けにこだわったり，負けた際に感情を抑えられなかったりする子ども 121

外国語

① 音声を聞き取ることが困難な子ども 122

② 長い単語や文になるとどこに注意を向けたらよいのかが分からない子ども 122

道徳

① 相手や登場人物の気持ちを想像することに困難がある子ども 123

② 道徳的価値を正しいと知りながらも実行に移すことが困難な子ども 124

目次

総合的な学習

① 様々な事象を調べたり得られた情報をまとめたりすることが困難な子ども　125

② 様々な情報の中から，必要な事柄を選択して比べることが困難な子ども　126

③ 人前で話すことへの不安から，自分の考えなどを発表することが困難な子ども　127

特別活動

① 相手の気持ちを察したり理解したりすることが困難な子ども　128

② 学校行事における避難訓練等の参加に対し，強い不安を抱いたり，とまどったりする子ども　129

10 秒トレーニング①　60
（つばめ，指の体操，体を使ってじゃんけん）

10 秒トレーニング②　70
（片足立ち，動物まねっこ，目玉の体操）

10 秒トレーニング③　96
（ぞうきんがけ，蹲踞，かかと歩き，舌のトレーニング）

参考文献　130

あとがき　131

第1章

インクルーシブ教育システムってなあに？

1 インクルーシブ教育システムって？

　独立行政法人国立特別支援教育総合研究所の「インクルＤＢ」（http://inclusive.nise.go.jp/）の「インクルーシブ教育システムに関する基本的な考え方」には，次のようにあります。

　インクルーシブ教育システム（inclusive education system）とは，人間の多様性の尊重等を強化し，障害者が精神的及び身体的な能力等を可能な最大限度まで発達させ，自由な社会に効果的に参加することを可能にするという目的の下，障害のある者と障害のない者が共に学ぶ仕組みです。

　文末のみを捉え，インクルーシブ教育システムは，
「障害のある人とない人が，同じ場所で学ぶことなんだ！」
とするのは，間違いではないのですが，日本型のインクルーシブ教育を目指すと考えられます。
「誰もが自由な社会に効果的に参加することを可能にするという目的」
の下に取り組むことがインクルーシブ教育システムにおいては大切になります。

　私たちの日常においても，
・電話番号をすべて覚えなくても，携帯電話に登録していれば，電話をかけることができる。
・予定をすべて覚えていられなくても，スケジュール表に書いておけ

10

第1章　インクルーシブ教育システムってなあに？

ば，行動することができる。
・切符を購入するときには，行先の駅名さえ覚えていれば券売機に表
　示される。
など，様々な方法で，自分自身を自由な社会へと，参加させています。
昨今，バリアフリーやユニバーサルデザインの考え方が広く普及し，私
たちもその恩恵を受けています。障害者だけが受けているものではあり
ません。我々も同じなのです。

　この考えを受け，インクルＤＢでは続けて次のように書かれています。

　障害のある者が一般的な教育制度（general education system）か
ら排除されないこと，自己の生活する地域において初等中等教育の
機会が与えられること，個人に必要な「合理的配慮」(reasonable
accomodation) が提供されること等が必要とされています。

ここに書かれている「排除されない」ということが大切です。

　ある学習課題があったとします。この課題に対して，
「あなたにとっては，難しいから，場所を変えて違うことをしましょ
う」
ではなく，その学習課題に取り組むための手立てを学習者が，提供され
ていることが前提だということです。そうすることで，どの学習者も，
スタートラインが同じになるのです。そのための手立てが合理的配慮
(reasonable accomodation) と呼ばれます。このように考えると，授業を
構成する先生方は，合理的配慮をすることに当たり前に取り組んできた
のではないでしょうか。たとえば，
　・ひでくんは，真っ白な紙に書かせると，字の大きさがばらばらにな

11

るから，ます目を使おう。

・一度に見せると，せいなちゃんは，戸惑うから，順番に絵を見せよう。

などの準備のことです。このように多くの先生方は教材研究レベルで解決策を見いだすことでしょう。

また，続けて，

> インクルーシブ教育システムにおいては，同じ場で共に学ぶことを追求するとともに，個別の教育的ニーズのある幼児児童生徒に対して，自立と社会参加を見据えて，その時点で教育的ニーズに最も的確に応える指導を提供できる，多様で柔軟な仕組みを整備することが重要である，小・中学校における通常の学級，通級による指導，特別支援学級，特別支援学校といった，連続性のある「多様な学びの場」を用意しておくことが必要である，とされています。

とあります。

　学習課題達成のためには，様々な発達段階や知識の習得が必要なこともあります。達成できないから取り組まないのではなく，達成のために，自立と社会参加を見据え，「連続性のある多様な学びの場」が必要となるのです。決して単純に学びの場を分けるだけではありません。

　また，特別支援教育のその先に，インクルーシブ教育があるのでもありません。ICF の障害の捉え方（p.18：障害の捉え方のページ）から考えると，障害のある子どもたちに対してどうこうするのではなく，その周囲の環境を変えて整えるということになります。

　学習道具，教材，掲示物，学習システム，そして，周囲にいる子ども

第1章　インクルーシブ教育システムってなあに？

たち。そして，指導者。つまり先生自身です。この先生ご自身が，一番
難しいのかもしれません。でも，先述したように，どの子もできる，分
かる授業を仕組む中で，極自然に取り組まれている方もいることでしょ
う。

「ひでくんの５月　第３話　国語で感想文を書く」

　これは，ひでくんという発達障害の子の学習内容をドラマの番組風に
書いたものです。

　ひでくんの学習の姿を観察し，その様子を記録すると，きっとドラマ
番組のように見えてくることでしょう。そのドラマには，ヤマとなる事
件が必ずあります。もちろんドラマですから，そのきっかけもあるで
しょう。ですが多くの場合，解決！　とは，いかないことが多いですよ
ね。だから，このドラマの監督となる先生が，最後は解決となるように，
小道具やエキストラ，シチュエーションをそろえてあげれば良いのです。
できれば，個別の指導計画などに，そのプチドラマが綴られていると，
読者となる先生方の事件解決へのヒントとなり助かります。

　インクルーシブ教育は，先生方の想像力と創造力が重要だと考えてい
ます。子どもの学びやすさ，そして居心地の良さを追求する中で，教師
の指導のバリエーションが生み出され，教師の技量となり，やがて子ど
もに対する教えやすさにつながっていくのです。

　私の座右の銘に，「子どもにとっての最大の教育環境は教師自身であ
る」とあります。そして，私が尊敬している上野一彦先生は，
　「私たちの教え方で学べない子には，その子の学び方で教えよう」
と言われています。

　これらの言葉に，インクルーシブ教育は，ぎゅうっと詰まっているよ
うに考えています。

2 インクルーシブ教育システム構築までの流れ

　インクルーシブ教育システムについては，平成 24 年 7 月 23 日に，中央教育審議会の初等中等教育分科会が発信した「共生社会の形成に向けたインクルーシブ教育システム構築のための特別支援教育の推進（報告）」に詳しく述べられています。

　その中に，インクルーシブ教育システムを包容する教育制度として，以下のように記されています。

　障害者の権利に関する条約第 24 条によれば，「インクルーシブ教育システム」とは，人間の多様性の尊重等の強化，障害者が精神的及び身体的な能力等を可能な最大限度まで発達させ，自由な社会に効果的に参加することを可能とするとの目的の下，障害のある者と障害のない者が共に学ぶ仕組みであり，障害のある者が「general education system」から排除されないこと，自己の生活する地域において初等中等教育の機会が与えられること，個人に必要な「合理的配慮」が提供される等が必要とされている。

　「障害者の権利に関する条約」関連の流れは，15 頁を参照してください。

第1章　インクルーシブ教育システムってなあに？

1975（昭和50）年	障害者の権利宣言
1981（昭和56）年	国際障害者年
1982（昭和57）年	障害者に関する世界行動計画
1983（昭和58）年～ 1992（平成4）年	国連障害者の十年
1993（平成5）年	障害者の機会均等化に関する標準規則
2001（平成13）年12月	国連総会において，国際条約起草のためのアドホック委員会設置
2005（平成17）年4月1日	発達障害者支援法施行
2006（平成18）年12月13日	国連総会本会議で採択
2007（平成19）年9月28日	当時の高村外務大臣が条約に署名
この頃，特別支援教育コーディネーターが全校配置され，特別支援教育元年，教育の大改革と言われ，様々な研修会が開催されていた。	
2008（平成20）年5月3日	「障害者の権利に関する条約」＊発効
＊障害者への差別禁止や障害者の尊厳と権利を保障することを義務づけた国際人権法に基づく人権条約	
2011（平成23）年8月	障害者基本法改正
2012（平成24）年6月	障害者総合支援法
2013（平成25）年6月	障害者差別解消法・ 障害者雇用促進法改正
2014（平成26）年1月20日	障害者権利条約締結　＊日本141番目
2016（平成28）年4月	障害者差別解消法施行
2016（平成28）年5月25日	発達障害者支援法改正

（文科省Webサイト・外務省　障害者の権利に関する条約パンフレットより）

ざっと書き出しても，今日の状況に至るまで40年以上かかっています。むしろ，日本は遅すぎたのかもしれません。

　インクルーシブ教育システムとは，「十分に社会参加ができるような環境になかった障害者も，積極的に社会参加/社会貢献できる社会」の形成に向けて取り組むシステムのことです。

　各国では，インクルーシブ教育が進んでいます。しかし日本は様々な課題があり，小・中学校における通常の学級，通級による指導，特別支援学級，特別支援学校といった「切れ目のない支援」を行うことで，インクルーシブ教育システムを構築していくことになります。

　日本も各国の流れのようにインクルーシブ教育として，障害の有無に関係なく，同じ場所で教育を受けることができればと願っています。そうすることで，日本の教育力も上がっていくだろうと私は考えます。

　全ての子どもたちが，その能力や可能性を最大限に伸ばし，自立し，社会参加できるように，子どもの教育の充実を図ることが鍵になります。

第1章　インクルーシブ教育システムってなあに？

3 通常の学級で求められること

　インクルーシブ教育を進める上で，通常の学級に着目した場合，大切な２つの柱が求められます。それは，

> 1　子どもたちの多様な個に応じた指導及び支援の工夫
> 2　個に応じた支援を可能にする学級・授業づくり

です。

　「1　子どもたちの多様な個に応じた指導及び支援の工夫」については，子どもたちの多様な個に応じた指導をするために，たくさんの手立てを教師が用意しておきたいものです。こちらについては，第４章，第５章で述べます。

　また支援の工夫として，保護者や地域の方々が子どもたちを支援するという方法も考えられます。そのために「2　個に応じた支援を可能にする学級・授業づくり」が不可欠となります。

　「個に応じた支援を可能にする学級・授業」とは，どのような状態でしょうか。

　それは，個に応じた支援を，子どもたちが，自然な状態で受け入れられる状態です。先生のその指導や支援が，当たり前であることが大切です。これが当たり前であると子どもたちが捉えるのには，学校全体で先生たちが普通に個に応じた支援をできることが不可欠となってきます。A先生は，やってくれたけど，B先生になると叱られた！　なんてこと

17

になると，子どもたちは混乱します。

　差別したり，人を蔑んだりするような学級であると，「どうして，Ａちゃんだけ！　ずるい！」という声が出てくることでしょう。これでは，インクルーシブ教育なんて，難しいです。「みんなでできるようになる」「みんなで成長する」といった，学級の風土がなければ，何もできません。

　そういう意味では，誰もが心地よい学級づくりが最大のベースであり，インクルーシブ教育の成功の必須条件となります。

　そういう観点からみると，発達障害だからどうだとか，心理検査を受けているからどうだという話ではなく，どの子どももれなく，学習の場が保障され，どの子どもも指導・支援を学校全体で受けることができるということです。

　そして成功の必須条件は，基礎的環境整備（第2章で詳しく述べます）です。

　「1　子どもたちの多様な個に応じた指導及び支援の工夫」には，
　　・特別なニーズへの合理的配慮
　　・子どもの特性に合わせ，苦手さを補う教材やグッズが必要
の2つがポイントになります。
　「2　個に応じた支援を可能にする学級・授業づくり」には，
　　・過ごしやすい，学びやすい学校・学級環境
　　・子どもたちが参加し，「楽しい」「分かった」「できた」「さらに」と進む授業
の2つがポイントになります。

　笑顔がいっぱい，楽しさいっぱい，学びがいっぱいの学校・学級づくりには，上記の大切な2つの柱とそれぞれ2つずつのポイントがあります。

第1章　インクルーシブ教育システムってなあに？

4　障害の捉え方って？

　2001年5月に，第54回国際保健会議（WHO総会）で国際障害分類（ICIDH）の改定版が採択されました。改訂版の名称は，「生活機能・障害・健康の国際分類」。ICFと呼ばれます。International Classification of Functioning, Disability and Healthの頭文字を取っています。公定日本語訳でも略称は「国際生活機能分類」と呼ぶことになっています。
（厚生労働省　http://www.mhlw.go.jp/houdou/2002/08/h0805-1.html）

　人の生活は，「健康状態」，「心身機能」，「身体構造」，「活動」，「参加」，「環境因子」，「個人因子」という要素（合計1424項目）が相互に作用しながら成り立っているものとして捉えています。

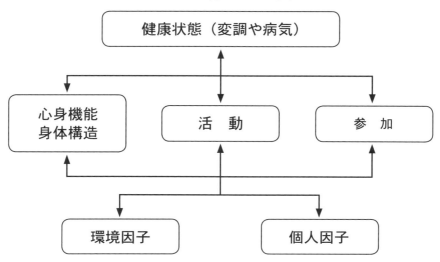

ICFの構成要素間の相互作用
（厚生労働省　http://www.mhlw.go.jp/houdou/2002/08/h0805-1.html）

例えば,

健康状態……ADHD（注意欠如多動性障害）

参　　加……立ち歩くことを抑えられない子どもが，我慢などをする
　　　　　　　ことなく安定した状態で参加する

心身機能・身体構造……歩きたい気持ちを抑えるのが難しい

　ある学習活動に，立ち歩くことを抑えられない子どもが，我慢などを
することなく安定した状態で参加するためには，どうしたら良いのかを
考えてみます。前ページに記した図に，それぞれを当てはめると，環境
因子や活動内容が見えてくることでしょう。

個人因子……通常の学級在籍の３年男児。立ち歩きについて注意を受
　　　　　　　けることが多かった

環境因子……20問掲載されているプリントではなく，複数種類を用意
　　　　　　　し「５問印刷しているプリントを取りに行こう」と指示

活　　動……問題数が少ない印刷した物を歩いて取りに行く

　昨今では，個人因子の分類分けは，されなくなっています。

　その子ども自身の健康状態，そして，環境因子としての先生の指示。
安定した気持ちで参加できる方法などが相互に関係し合います。

　子どもの状態によって，環境因子を変更すると，参加の仕方も変わり
ます。もちろん，これらの相互関係は，特定のもので必ずしも常に予測
可能な一対一の関係ではありません。相互作用は，双方向性でもありま
す。すなわち障害の結果により，健康状態それ自体が変化することもあ
ります。

　この考え方は，DSM-5 *にも取り入れられています。つまり，障害が
人にあるからできないのではなく，その人に障害となっている周囲の環
境を変えればできるのです。障害の捉え方を国際的基準に合わせた考え
で動くことができる教師でありたいものです。本著もこの考えから「障
害」と表記しています。

　＊アメリカ精神医学会が作っている「精神障害の診断と統計マニュアル第５版」

第1章　インクルーシブ教育システムってなあに？

5 新しい学びで，社会の変化に対応。「何ができるようになるか」

　文科省から出された平成28年6月23日の教育課程部会での資料です。新しい時代に必要となる資質・能力の育成と題し，3つの柱が示されています。

・学びを人生や社会に生かそうとする学びに向かう力・人間性の涵養
・生きて働く知識・技能の習得
・未知の状況にも対応できる思考力・判断力・表現力等の育成

　これらを冷静に読み解くと，特別支援教育の現場では，具体的に指導してきた事柄だと言い切れます。これらは大なり小なり，社会で活躍するために，「何ができるようになるか」を問いながら，小さな指導を積み重ね，実現しようと実践してきたことです。

育成すべき資質・能力の三つの柱（案）として，

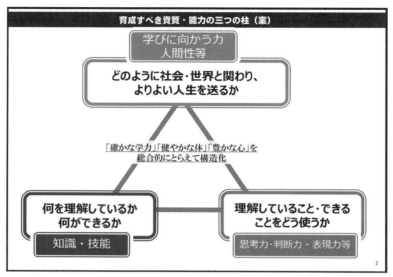

参考：初等中等教育分科会（第100回 2017/9/14）配付資料（文部科学省）

・どのように社会・世界と関わり，よりよい人生を送るか

・何を理解しているか，何ができるか

・理解していること・できることをどう使うか

を挙げています。

　これは，「確かな学力」「健やかな体」「豊かな心」を総合的に捉えて構造化するとのことです。

　これらは，通常の学級だけでなく，特別支援学級や特別支援学校にも，いや，だからこそと言ってもいいぐらいに，先生たちが日々考えて取り組んでいることです。

　新学習指導要領の各教科にも，学習の困難さを抱えている子どもたちへのヒントが書かれています。まさに「学びを人生や社会に生かそうとする」手立てです。一部を第5章で紹介します。

第1章　インクルーシブ教育システムってなあに？

6 「何を学ぶか」「どのように学ぶか」

　子どもたちが，社会で活躍できるようになるために，何を学ぶかです。
平成28年6月23日の教育課程部会の資料には，
「新しい時代に必要となる資質・能力を踏まえた教科・科目等の新設
や目標・内容の見直し」*
と示されています。

　新しい学びの必要性が求められています。それは，2030年の社会と
子どもたちの未来を想定して綴られています。社会の変化に対応した新
しい学びの必要性です。そのために，カリキュラムを見直すことが目玉
になっています。

　グローバル化，65歳以上が3割に達するとされる少子高齢化，それ
に今後10〜20年の間に半数以上の仕事がAI（人工知能）に置き換わ
ると言われ，少し焦りに似た気持ちも起こってきます。
　学校の存在意義も変わってくるでしょう。
　今議論されている働き改革も，どうなるのか。
　でも，子どもたちの学びの中で，知識や技術だけでなく，様々な特別
支援教育における様々な視点や考えが般化されることを望みます。その
ための感性も忘れずに学んでいくことができるカリキュラムにしたいも
のです。

＊小学校の外国語教育の教科化，高校の新科目「公共（仮称）」の新設など各教科
　等で育む資質・能力を明確化し，目標や内容を構造的に示す学習内容の削減は行
　わない。

23

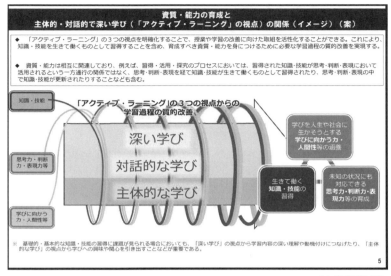

（文部科学省）

　上図は、「どのように学ぶか」を考える時に、よく見せてもらう図です。当たり前だというと叱られそうですが、「主体的・対話的で深い学び」を実践するときのその対象は、子どもたち全員を意識してもらいたいのです。

　障害の捉え方にも記しましたが、その子どもが学習活動に参加できないから、別の教室で……という発想は、おかしいのです。それは、インクルーシブ教育ではなく、特別支援教育の前身、特殊教育時代の話なのではないでしょうか。

　私の夢の一つに、障害があるとかないとかを口に出す先生たちが営む学校や社会でなくなること。そして、特別支援教育やユニバーサルデザイン、バリアフリーという言葉も無くなる社会、世界になればと願っています。みんなが活躍できる環境が当たり前の社会、世界です。そのためにも、子どもたちを育みたいのです。

第1章　インクルーシブ教育システムってなあに？

7 「特性支援教育だ」

　あるセミナーで一流と呼ばれていた講師から，

　「特別支援教育は，単なる子どもたちへのレッテル貼りだ。意識しなくてもいい。（学級を創ることができる）わたしには，関係が無い。」

と声高らかに話をする教師がいました。もちろん，私の心は離れ始めました。この一言で……。そりゃそうですよね。でもレッテル貼りとしか受け取れない「熱心な無理解者」（児童精神科医・佐々木正美先生の言葉）がいるのは事実です。

　恐ろしいのは，力で学級集団を制圧してしまう先生です。昔，次のような話を聞きました。残念ながらその先生は，休職し，その後退職。若くてこれからだという先生だっただけに悔しい限りです。

　「俺の時は，そんなことなかった。舐められてるんじゃないのか。」

とベテラン教師に言われ，発達に課題のある子どもを結果的に，怒鳴ったり怒ったりする指導でクラスを落ち着かせてしまった若い先生です。

　前年度は，体格も良く，学校一恐いと，子どもたちから恐れられている先生が担任をしていたので，若い先生も4月の数日間は，大丈夫でした。しかし，5月に入ると，荒れ始めたのです。

　「そんなときには，怒鳴って一喝すればいいんだ。」

という言葉を真に受けて……。子どもたちに厳しい声で，力で抑えてしまったのです。

　そして2学期には完全に荒れてしまいました。複数対応で乗り切ったそうですが，担任の若い先生は次年度に休職。残念ながら，学校へ戻ることはありませんでした……。

25

私は，教師の都合で，怒鳴って静かにさせることは，教師の敗北だと考えています。子どもが荒れる原因には，必ず何かがあります。子どもの言動には，全て意味があるからです。

　これらの事例は，山のようにあることでしょう。その時に，
　「特別支援教育の視点で，子どもを見ましょう。」
と，声をかけられるといいます。しかし，特別支援教育と聞くと，何だか特別なことで教科専門の自分とは関係が無いなどと思ってしまうことはないですか。

　どの人も「特性」をもって生きています。得意なことそうでないこと全てが「特性」です。その「特性」を支援し，教育をしていく，つまり，「特性支援教育」と捉えれば，違和感が無く，なんかすとんと腑に落ちてきませんか。

　特別支援教育は，特性を支援し，教育すること。
　そう特別支援教育は，「特性支援教育」なんです。そして，子ども一人ひとり，つまりみんな（みんなですよ，みんな！）別々の得を感じるための支援をする「得別支援教育」でもあります。どちらも関田の造語ですが，そのように捉えています。

　インクルーシブ教育システムも，特性を支援していきながら，子どもたちの学びの場が一つになって，「自由な社会に効果的に参加することを可能にするという目的の下，障害のある者と障害のない者が共に学ぶ仕組み」を構築したいものです。

第2章

基礎的環境整備と
合理的配慮って
なあに？

1 基礎的環境整備って？

第1章の3「通常の学級で求められること」では，

---

1 子どもたちの多様な個に応じた指導及び支援の工夫

・特別なニーズへの合理的配慮

・子どもの特性に合わせ，苦手さを補う教材やグッズが必要

2 個に応じた支援を可能にする学級・授業づくり

・過ごしやすい，学びやすい学校・学級環境

・子どもたちが参加し，「楽しい」「分かった」「できた」

　「さらに」と進む授業

が大切だと述べました。そして成功の必須条件に欠かせないのが，基礎的環境整備です。

　基礎的環境整備とは，

　「合理的配慮」の基礎となるものです。障害のある子どもに対する支援について，法令に基づき又は財政措置等により，例えば，国は全国規模で，都道府県は各都道府県内で，市町村は各市町村内で，それぞれ行う教育環境の整備のこと

（独立行政法人国立特別支援教育総合研究所発達障害教育推進センターWebサイト）

です。

　つまり，学校で，教育環境の整備をそれぞれ行うことです。それは，

第 2 章　基礎的環境整備と合理的配慮ってなあに？

「合理的配慮」の基礎となる環境整備であるので，「基礎的環境整備」と
呼ばれています。

　だから，障害のあるなしで，グループが作られたり，場を分けた指導
が前提であったりすることは，基礎的環境整備が整っていない状態です。
障害の程度を考慮しつつも，まずは，参加できる状態を考えることです。

　障害者差別解消法成立前であった 2013 年（平成 25 年）ひろしま菓子
博での車いすの方の入場拒否などは，合理的配慮の不提供以前に，基礎
的環境整備が整っていなかったのでしょう。

　もちろん 2016 年（平成 28 年）からは，障害者差別解消法が施行され
ていますので，このようなことは，もう起こらないはずなのですが，
2018 年（平成 30 年）レゴ東京における入場拒否には，残念で憤りを感
じます。他にも，大きな問題にはなっていないけれども，まだまだ残っ
ているという話も聞きます。第 1 章の 4 「障害の捉え方って？」にも紹
介したように，障害は，環境が起因だと考えると，見え方も違ってくる
のではないでしょうか。

　では，この基礎的環境整備は，整ったとして，次の合理的配慮とは，
どのようなことを指すのでしょうか。

29

2 合理的配慮って？

合理的配慮とは，

> 「基礎的環境整備」を基に個別に決定されるものであり，それぞれの学校における「基礎的環境整備」の状況により，提供される「合理的配慮」も異なることとなります。なお，「基礎的環境整備」についても，「合理的配慮」と同様に体制面，財政面を勘案し，均衡を失した又は過度の負担を課すものではないことに留意する必要があります。

（独立行政法人国立特別支援教育総合研究所発達障害教育推進センター Web サイト）

とあります。

これは一人ひとりによって合理的配慮は違うものなのだということが前提にあります。

　・自閉症だから，コミュニケーションが苦手。

　・ADHDだから，ずっと動き続けている。

ということは，すべての人に当てはまるわけではないからです。

雨が降ってきました。折りたたみ傘を使うのか，長い傘を使うのかレインコートなのか，それとも車を呼ぶのか……。人それぞれ違うでしょう。

第1章の7「『特性支援教育だ』」で述べた「特性」という考え方で捉えると，人間誰しも，大なり小なり合理的配慮が必要なところはあるのです。合理的配慮って，合っていないところを変えるとうまく生活できる，うまく活動できるのなら，ちょっと折り合いをつけて変えましょう

第2章　基礎的環境整備と合理的配慮ってなあに？

ということなのです。

　しかし，折り合いをつけずに一方的に下記の2つを行うとアウトです。

　1　不当な差別的取り扱い

　2　合理的配慮の不提供

　不当な差別的取り扱いとは，

・見えない，聞こえない，歩けないといった機能障害を理由にして，区別することや排除，制限すること。

・車いすや補装具，盲導犬や介助者など，障害に関連することを理由にして，区別や排除，制限をすること。

・ただし，誰が見ても目的が正当で，かつ，その扱いが止むを得ないときは，差別にならない。

　現在の法では，拒否した方が罰せられます。だから，体育の授業で，車いすを使っているからと言って，リレーチームに入れないというのは，アウトです。

　合理的配慮の不提供とは，障害のある人とない人に平等な機会を確保するために，障害の状態や性別，年齢などを考慮した変更や調整，サービスを提供しないことです。

　・時間やルールの変更をしない。

　　例)出勤時刻・振り仮名

　・設備や施設の細部の変更をしない。

　　例) スロープ，手すり

　・補助器具やサービスの提供をしない

　　例) 読み上げソフト，パーティションで区切るなど

などが挙げられます。

3 合理的配慮には，2つの視点がある

　少し長くなりますが，知っているのとそうでないのとでは，合理的配慮についての理解が違ってきますので少し詳しく述べます。

　合理的配慮の原語は，障害者権利条約に書かれている reasonable accommodation です。

　この accommodation（アコモデーション）を『ジーニアス英和辞典第5版』で調べると「和解，調停，折り合い」などの意味が並びます。合理的配慮の「配慮」が，アコモデーションにあたります。

　「配慮」と言われると，当事者よりも周囲の方が行う感じがします。しかし本来のアコモデーション，つまり，「和解，調停，折り合い」と言われると，周囲の方だけではなく，当事者とも対等な感じを受け取られるのではないでしょうか。つまり障害のあるなしに関わらず，双方で作り上げていくことなのだと捉えることで，真の合理的配慮となります。だから，対話による合意形成が欠かせないのです。

　合理的配慮は，障害者だけが受けるものではありません。ここを誤解すると，「障害者は，得をしている」といったような暴論となります。なぜならどのような方も，社会的なサービスや支援という形で，合理的配慮を受けているからです。今まで問題だったのは，その社会的サービスや支援が，障害のない人を基準にして制度設計されてしまった状態があったことなのです。そのため，障害のある人がその恩恵を受けることが難しかったのです。

第 2 章　基礎的環境整備と合理的配慮ってなあに？

　一昔前のテレビ放送がそうだったではないでしょうか。今やボタン一つで，ほぼすべての番組に字幕が出ます。テレビの音量は，小さければ大きくすればいいように設計されていますが，音が聞こえないような障害がある場合，意味理解はとても難しくなります。だからそういった方々には，字幕などのサービスが必要となります。

　これは，障害のない方にとっても便利なサービスです。でも私も使っています。食器を洗っていてテレビの音声が聞こえなくても，字幕を表示させれば，テレビの内容を理解できるからです。合理的配慮を受けているのは，障害者だけではないのです。

　また，子どもの障害に応じた教育については，アコモデーションのほかにもう 1 つ，モディフィケーションがあります。平林ルミ「特別支援教育における合理的配慮の動向と課題」（『教育心理学年報』第 56 集，P.113-121，2017 年）によれば，

モディフィケーション（modification）
　　個に応じてカリキュラム事態を変更すること
リーズナブル・アコモデーション（reasonable accommodation）
　　カリキュラムにアクセスする方法を変更・調整すること

です。
　また齋藤由美子氏は，次のようにまとめられています。（『世界の特別支援教育』，24，P.53-65，国立特別支援教育総合研究所，2010）

①アコモデーション（accommodation）

　障害のある子どもが内容を理解したり与えられた課題に取り組んだりするために，学習環境，内容のフォーマット，支援機器等に変更を加えることを指す。例えば，聴覚障害の子どもに手話通訳をつけること，視覚障害やディスレクシア*の子どもにテキストを読み上げるコンピューターを用いること，運動障害，学習障害の子どもたちのテスト時間の延長等。アコモデーションでは基本的に教える内容の変更は行わない。

②モディフィケーション（modification）

　教えている全ての内容を理解することが難しい子どものために，カリキュラムを変えること指す。例えば，通常学級にいる理解がゆっくりしている知的障害のある子どものために，宿題の数を減らしたり，内容を単純化したりすること等。

　アコモデーションとモディフィケーションという2つの視点を区別して意識的に取り組む必要があるでしょう。

　通常の学級に在籍する子どもたちには，アコモデーションが必要となります。そして，特別支援学級に在籍する子どもや特別支援学校に通う子どもたちには，アコモデーションに加えて，モディフィケーションを行うことが必要となります。子どもの障害によっては，モディフィケーションを行うことがアコモデーションとなることもあります。

　＊読字障害

第 2 章　基礎的環境整備と合理的配慮ってなあに？

　この視点を下手に混在させてしまうと，次のような話になることがあります。時折，耳にする次の言葉です。

　発達障害のある子どものいる通常の学級では，授業内容を簡単にすると良い。

　ひどいときには，「レベルを下げる」という言葉を聞かされることもあります。はたして，そうでしょうか。

　「九九さえ計算できれば良いから，すぐに暗記させよう」
とか，
　「分数の割り算は，とりあえず，割る数の分母と分子の数字をひっくり返して，かけることを教えたらできる」
ではないんですよね。

　小学校のかけ算では，「何個分のいくつ分」や「何倍になるか」を導入で学びます。
　分数は，面積図を示しながら，分数のわり算の意味を教えます。どちらも大切です。

　どの子どもたちであっても，様々なアコモデーションをして理解を図るのです。

35

4 基礎的環境整備と合理的配慮の関係

資料　障害のある児童生徒教材の充実について（文部科学省）

　基礎的環境整備は，合理的配慮の基礎となるものです。障害者差別解消法施行直前には，各施設にスロープや手すりなどの工事がされていました。

　「合理的配慮と基礎的環境整備の関係」の図のAさんとBさんの合理的配慮の円の大きさが違っています。

　また，p.37のイラストは，よく見るスポーツ観戦をしている人たちの環境を示している絵で，合理的配慮は，一律のものではなく，個に応じたものを示しています。左図では平等に1つずつ。中央では，観戦への公平さを保っています。さらに，右図では，そのような支援を必要としない公正さが示されています。簡単に言えば，バリアフリーです。

　この一律ではないというところが，ポイントです。基礎的環境整備と合理的配慮で2つに分かれているように見えますが，段階とするならば，

第2章 基礎的環境整備と合理的配慮ってなあに？

3段階あるのです。

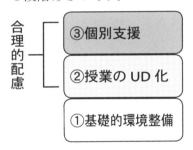

まず1段目は，基礎的環境整備です。学校で言えば，学校・教室環境の整備にあたります。音によって注意がそれる子どもが在籍している場合は，水槽を廊下に置いたり，運動場側の座席よりも，廊下側の座席にしたりするなどです。

次の2段目は，合理的配慮としての授業のユニバーサルデザイン（UD）化になるでしょう。どの子どもたちも取り組みやすくするために，ノートをます目のあるものにしたり，板書の文字を大きくしたりします。

そして3段目最後が，個への合理的配慮，つまり個別支援となります。眼球運動に弱さがあるので，板書に書く内容をあらかじめ紙に書いておき，ノートへ写させたり，ノートのます目の大きさを大きくしたりする手立てを提供します。

焦点化・視覚化・共有化をすれば合理的配慮をしているとは言い切れません。3段階目の個別の支援までが合理的配慮となります。

5 それぞれの注意したいこと

　基礎的環境整備と合理的配慮のそれぞれで，注意したいことがあります。

　それは，

　1　子どもたちにとって学びやすい学習環境であるかどうか
　2　子ども自身の自力で動くことができる学習環境であるかどうか

ということです。

　ある一般的な授業を想定します。まず，教室環境です。
子どもたちにとって

---

　①　情報の刺激量
　②　活動で使う物の置き場所
　③　活動する時の動線
　④　必要な情報の見つけやすさ

は，どうでしょうか。これは，環境調整，つまり教師の事前準備で決まります。これは，目で見えるものがほとんどです。

　次に，学習環境の整備を想定します。

第2章　基礎的環境整備と合理的配慮ってなあに？

⑤　学習活動のための準備や心構え

⑥　学習活動の手順とルール

⑦　学習ツールの使い方

⑧　学習課題を解決するための方法や手順

　これら①～⑧の視点は，発達障害の子どもがいるいないにかかわらず，教材研究・授業研究の際に準備をしておくことでしょう。

　また，学級づくりにおいては，おおむね一学期に確立される学級風土，学習パターンとも言えるのではないでしょうか。

　つまり，学級づくりを通して形成される学級集団，学習集団の風土とシステムの上に，個別支援が行われます。そうでないと，この個別支援を行うことが，特別なことになり，その子自身が感じなくても良いような感情が芽生えてしまうことを危惧せざるをえません。

　合理的配慮と聞くと，個別の配慮として捉えすぎてしまっている傾向は否めないでしょう。そうではなくて，基礎的環境整備の上に，学級づくり，学級の風土が存在し，「楽しい」「分かった」「できた」「さらに」と子どもたちの意欲が湧いてくる学習，授業が行われることが前提となります。そして学習，授業への参加のために，個別の支援，合理的配慮が取り入れられ，その子ども自身の力を高めていくことができるのです。

6 障害のある児童生徒が在籍している可能性があることを前提に

　教育課程部会　教育課程企画特別部会（第26回）配付資料である，「幼稚園，小学校，中学校，高等学校及び特別支援学校の学習指導要領等の改善及び必要な方策等について（答申案　平成28年12月6日）」の中に，「特別支援教育の充実を図るための取組の方向性」が掲載されています。以下，長文なので，まとめてみます。

〈通常の学級（幼稚園等，小・中・高等学校）〉
　○小学校等の通常の学級においても，発達障害を含む障害のある児童生徒が在籍している可能性があることを前提とする。
　　・全ての教科等の授業において，資質・能力の育成を目指す
　　・一人一人の教育的ニーズに応じたきめ細かな指導や支援
　　・障害種別の指導や支援の工夫は前提
　　・各教科等の学びの過程において考えられる困難さに対する指導の工夫の意図，手立ての例を具体的に示すことが必要

〈通級による指導（小・中・高等学校）〉
　○ 高等学校における通級による指導の平成30年度からの制度化

〈個別の教育支援計画，個別の指導計画の作成・活用〉
　○特別支援学校に在籍，そして，通級による指導を受けたり，特別支援学級に在籍したりする子供たちについては，全員の個別の教育支援計画や個別の指導計画を作成すること

40

第2章　基礎的環境整備と合理的配慮ってなあに？

○通常の学級にも，発達障害の子供たちをはじめ，通級による指導を
　受けずに，障害のある子供たちが在籍している場合があることを前
　提
　・障害に応じた指導方法の工夫や保護者や関係機関と連携した支援
　　を行うために「個別の教育支援計画」や「個別の指導計画」を作
　　成・活用

〈交流及び共同学習〉
　○学校の教育活動全体で，障害者理解や交流及び共同学習の一層の推
　　進

〈特別支援教育の支援体制〉
　○学校全体として特別支援教育に取り組む体制を整備
　　・特別支援教育コーディネーターを中心とする校内体制等の在り方
　　　について具体的に示す
となっています。
　ここで大切なことは，

> 　小学校等の通常の学級においても，発達障害を含む障害のある児
> 童生徒が在籍している可能性があること

と明記されていることです。特別支援学級や特別支援学校だけのことで
はなく，学校全体で捉えることになります。
　なぜなら，「各教科等の学びの過程において考えられる困難さに対す
る指導の工夫の意図，手立ての例を具体的に示す」ことが必要だと記載
されています。だから，発達に課題のある子ども限定ではないというこ
とが分かります。

41

7 障害から困難さへ

　新しい小学校学習指導要領の総則を見ると「第4 児童の発達の支援」，
1 児童の発達を支える指導の充実，(1)（第1章第4の1の(1)）には，

> (1)　学習や生活の基盤として，教師と児童との信頼関係及び児童相
> 互のよりよい人間関係を育てるため，日頃から学級経営の充実を
> 図ること。また，主に集団の場面で必要な指導や援助を行うガイ
> ダンスと，個々の児童の多様な実態を踏まえ，一人一人が抱える
> 課題に個別に対応した指導を行うカウンセリングの双方により，
> 児童の発達を支援すること。
>
> 　あわせて，小学校の低学年，中学年，高学年の学年の時期の特
> 長を生かした指導の工夫を行うこと。

と書かれています。これを読むと，障害のある子どもだけに支援するの
ではなく，日常の学級づくりの営みの中で，子どもたちの実態を踏まえ
た発達の支援をすることが明記されています。障害から困難さへと，子
どもたちの困っていることに対して，具体的な支援，手立て，取り組み
が必要になります。

　中教審初中分科会報告では，次の観点を挙げています。

基礎的環境整備

① ネットワークの形成・連続性のある多様な学びの場の活用

② 専門性のある指導体制の確保

③ 個別の教育支援計画や個別の指導計画の作成等による指導

第２章　基礎的環境整備と合理的配慮ってなあに？

④　教材の確保

⑤　施設・設備の整備

⑥　専門性のある教員・支援員等の人的配置

⑦　個に応じた指導や学びの場の設定等による特別な指導

⑧　交流及び共同学習の推進

学校教育における合理的配慮の観点

①　教育内容・方法

①－１　教育内容

①－１－１　学習上又は生活上の困難を改善・克服するための配慮

①－１－２　学習内容の変更・調整

①－２　教育方法

①－２－１　情報・コミュニケーション及び教材の配慮

①－２－２　学習機会や体験の確保

①－２－３　心理面・健康面の配慮

②　支援体制

②－１　専門性のある指導体制の整備

②－２　幼児児童生徒，教職員，保護者，地域の理解啓発を図るための配慮

②－３　災害時等の支援体制の整備

③　施設・設備

③－１　校内環境のバリアフリー化

③－２　発達，障害の状態及び特性等に応じた指導ができる施設・設備の配慮

③－３　災害時等への対応に必要な施設・設備の配慮

迷ったときには，これらの観点を参考にすると，漏れがないかもしれ

ません。

第3章

専手必笑！
通常の学級における
教室環境

1 手立ては，あとから。 まずは，背景理解

　第3章からは，主に手立てについてまとめています。しかし，大前提として，常に頭の片隅に置いて頂きたいのは，

「まず，子どもの背景理解が必要だ」

ということです。

　第1章にも記しましたが，「障害は，環境による」からです。どの子どもたちにも合った学習環境であれば，困難さは，感じないでしょう。できないから別メニューや別室指導，参加できないから見学させておく，ではなく，その子どもが活動する環境を調整したり，事前学習を取り入れたり，取り組みやすく調整したりすることで，困難さを小さくすることが大切です。

　この環境調整や事前学習は，個々の困っている状態に合わせることとなります。あの子どもは，どうして困っているのか，どうして不適切な行動を取ってしまうのかを理解することからが，支援のスタートとなります。では，何を理解するのか。それは，子どものそのような背景なのです。それを背景理解と言います。

第3章　専手必笑！　通常の学級における教室環境

　この背景理解をもとに，手立てを考えます。ベストは，

　一回でずばっ！　とはまる手立て

にしたいところです。

　なぜならば，うまくいかない手立てで取り組ませてしまうと，子ども
は，できない経験を積んでしまうからです。そのためにも，１人で判断
することなく，複数で，チームで，専門家を呼んで，取り組むことが重
要です。そしてまず，基礎的環境整備を整えます。手立てを考えぬいて
も，微調整がいるかもしれません。また難しいこともあるでしょう。そ
こで保護者と対話による合意形成をし，当面の合理的配慮事項として，
取り入れると良いでしょう。

　「昨年，うまくいったから，あれでいいよ。」
とか，
　「前の学校で似たような子どもがいたから，この方法で。」
ということは，少し違います。障害名が同じであっても，すべての子ど
もに同じ手立てが合うこともほとんどありません。背景は，個々に異な
るからです。

　対象となる子どもの背景理解を教職員で共通理解をし，手立てに取り
組むことが大切です。その共通理解を図った内容を学校の指導で活かす
ために，個別の指導計画に記載しましょう。そして，引継をはかるので
す。この内容でうまくいったことを保護者に伝え，個別の教育支援計画
にもリンクさせると良いでしょう。

2 ものの置き場所

　子どもたちや教師が教室を見渡して，

> 「うん，ここは自分の勉強部屋」

と思える環境が適切なのでしょう。もちろん，子どもの数だけ理想の勉強部屋があるので，100点満点の教室は，あり得ません。

- ・子どもたちや教師が考えたメッセージが掲げられている教室。
- ・教師や子どもたちが好きなキャラクターグッズが集められたコーナーがある教室。
- ・掲示物が一切ない教室。

などを見てきました。どれが良くてどれが悪いとは，言い切れません。それぞれ様々な根拠があるからです。でも，

- ・ゴミが落ちている。
- ・ゴミ袋が積んである。
- ・教室内に落書きがある。
- ・教具や教材が，無造作に置いてある。

　このような教室は，その後，たいへんな姿になっていったことも知っています。

第3章 専手必笑! 通常の学級における教室環境

ポイントは，大きく2つです。

> ① 教室内の物については，一つひとつ置く位置を決める。
> ② 教材の場所や置き方が一目で分かるように整理する。

置く場所に印をつけても良いでしょう。幼稚園・保育所・保育園では，収納する場所に，小さな写真が貼り付けられたりもしています。

・学級文庫コーナー
・宿題提出専用机やかご
・係からの連絡掲示板
・教具収納コーナー

など挙げればいろいろです。またこれからの時代，ICT機器の利活用の観点から，情報機器端末が入ってくるでしょう。こちらも導線や収納場所を考えなくてはいけないです。キーワードは，

「はっきり（分かる）」
「すっきり（する）」
「かんたんに（出し入れできる）」

でしょうか。なんだか，収納術の達人が言うようなフレーズですが……。

3　授業の構造化

　先ほどは，物について述べました。次は，形としては見えない授業についてです。授業の構造化と呼んでみます。

　子どもたちがいるときには，教師って忙殺（もちろんゆとりをもって……）されます。でも長期休暇は，研修会などの出張以外の日は，計画を立てて見通しをもたないと，今日，何をしたんだろう……ということも少なくなかったのは，私だけでしょうか。

　そこで見通しをもつために，ToDoリストを作って取り組んでいく先生が多いでしょう。これと同じようなことを授業に取り入れ，子どもたちと共有するのです。

　ポイントは，3つです。

---

① 　授業内容の進め方について全体的な見通しを提示
② 　授業の中で，今，何をしているのかを表示
③ 　学習活動の時間の区切りを明示

---

①　授業内容の進め方について全体的な見通しを提示

1　めあての確認
2　学習課題A
3　学習課題B
4　まとめ

と，黒板の隅に示します。ミニホワイトボードやミニ黒板に書かれている先生もおられます。黒板に直接，適度な大きさで書かれている教室もあります。

さらに細分化することも良いでしょう。毎時間の手立てになるので，負担無く続けられることが大切です。

② 授業の中で，今，何をしているのかを表示

①で示した横に，色のついたマグネットなどで，今ここ！　と示します。

③ 学習活動の時間の区切りを明示

タイマーなどを使って，学習時間を区切ります。

タイマーは，カウントダウンタイプを連想しがちですが，どれだけの時間を要したかなどの時には，カウントアップも必要です。

タイムタイマーのように，時間が色で表示されるものも小さいサイズにはなりますが，安価になってきました。各教室に用意しても良いでしょう。

昨今，ICT機器の利活用により，時間を色で表示するアプリケーションでも提供されていますが，まだまだデジタル数字のみのものが多いです。時間を色で表示されるようにした自作ツールなどで対応されている先生もおられます。

4 座席の構造化

　授業の構造化で，目に見えるものの一つとして，座席があります。

　私も19人学級から41人学級を経験しています。41人の子どもたちを担任したときには，指導机が置けず，高学年用の机と椅子で過ごしました。

　だから人数によっては，大きく環境の差が生まれてしまいますが，以下3つのポイントが，大切だと考えています。

---

① 座席の位置は，個々の特徴に合わせたものにする。

② 机と椅子のサイズを合わせる。

③ 学習によって，机の置き方のバリエーションを豊富にする。

---

① 座席の位置は，個々の特徴に合わせたものにする

　私は，座席をくじ引きで決めることはしていないです。子どもの特性に応じて，座席位置を決めます。

・この子の隣には，お世話好きなせいなちゃんを隣にしよう。

・この子は，全体を見た方が良いから，後ろの座席にしよう。

・お手本になるひでくんは，この子の隣にしておこう。

・運動場の様子が見えると，気が散ってしまうから，廊下側にしよう。

・すぐに覚醒レベルが落ちてしまうから，日の当たる運動場側にしよう。

・一番に声をかけたい（かけなくちゃいけない）から，板書後振り返ったときすぐに，視界に入る座席にしよう。

などと決めていきます。

第3章　専手必笑！　通常の学級における教室環境

　これらの座席位置の決め方の弱点は，教師の先入観や固定化です。子ども観察が偏りすぎると，固定化されます。子どもは進化・成長していますから，4月当初の引き継ぎ事項などとは，変わってくることでしょう。引継ぎ事項が先入観になっていないかの確認も必要です。特性理解は，個別の指導計画の蓄積があると助かるのですが……。

② 机と椅子のサイズを合わせる

　これは言わずもがなですよね。机も市によってはいろいろあり，調節ができないものもあります。その場合，足の裏を床につけるために，1Lの牛乳パックを4つくっつけて踏み台を作ると落ちついて取り組むことができる子どももいます。

③ 学習によって，机の置き方のバリエーションを豊富にする
　・班，グループ活動
　・クラス全体で話し合い
　・テスト
　・理科の実験
　・総合的な学習の時間

など，学習の内容によっては，一斉に黒板に向いている並び方は，学習しにくい場合があります。様々な形を準備したり，子どもたちと机を動かす練習をしたりすることなどが必要でしょう。

5 提示物の構造化

　教室内には，掲示物もあります。
・目標
・子どもたちの作品
・お知らせ
・学習の成果や重要ポイント
などがあります。これらについても，整理したいものです。ポイントは，
３つです。

---

① 　教室内の掲示物には，素材に気を配る。
② 　教室前面の壁の掲示物は，必要最小限なものにする。
③ 　毎日子どもが目にするものは，具体的に示す。

---

① 教室内の掲示物には，素材に気を配る

　風が吹いたり，日が差し込んだりすることによって，掲示物がゆらゆら，ひらひらと揺れたり，ぴかぴかと光ったりしないような素材を使います。これらのことで，気がそれてしまい，授業への集中が落ちるからです。

② 教室前面の壁の掲示物は，必要最小限なものにする

　特別支援教育がスタートした時に流行したのが，
　「黒板周囲には，掲示物ゼロ！」
でした。私もどこかで聞き，職員室で話をしたことがあります。
　しかし，学級目標などの目指す子ども像は，貼るべきではないかとい

第3章　専手必笑！　通常の学級における教室環境

う考え方が主流になってきています。

　もちろん教室で過ごす時間の中で一番多いのは，授業。そして一番よく使われる物は，黒板。だから，黒板に注目できるようにすることは，大切なことです。一方で耳が痛い話かもしれませんが，掲示物があっても子どもたちの気がそれない授業が一番重要です。

　学級目標の周りに，子どもの似顔絵を貼って掲示する場合も，子どもたちの実態に応じて，黒板上なのか，教室の横側なのかを考えたいものです。

③　毎日子どもが目にするものは，具体的に示す

　学級目標などの子ども像を掲示する際，
　・知的で無邪気に激しい議論を楽しみ合う学級
　・やさしい子　かしこい子　たくましい子
　・良いことは進んでする子
　・めざせ　スーパー二年生
　・昨日の自分より「ぱわぁあっぷ」
など，具体像や活動などが想起しやすいものを示します。以前，ある講演会で，「教室は間違えるところだ」と掲げたクラスの学級が機能しなくなったとの話を聞きました。そこのクラスの子どもたちは，「間違えたことをしても良い」と担任に告げ，大暴れをしたと。

　もちろん解釈の説明をしているとは思うのですが，字義通りの解釈を優先する子どもたちにとっては，こういった表示は，難しいかもしれません。

55

6 板書の構造化

　授業で使う黒板についてです。かなり有名な話になってきましたが，欠かせない観点ですので記します。ポイントは，４つです。

---

① 　色チョークを使う際は，蛍光チョークを使用する。
② 　板書する際に，記述する内容をパターン化する。
③ 　文字の大きさや文字数に配慮する。
④ 　ノート記述しやすいようなます目黒板を使う。

---

①　色チョークを使う際は，蛍光チョークを使用する

　先天赤緑色覚異常や青黄色覚異常などの「色覚多様性」の子どもがいる場合は，赤，緑，青，黄の色のチョークの使用に配慮が必要でしょう。そこで蛍光チョークが発売され，かなり定着してきたので購入をお勧めします。

②　板書する際に，記述する内容をパターン化する

　黒板を線で区切って，

　１　めあて／２　学習課題／３　子どもの考え／４　まとめ

などと，書くことを決めて板書する授業も現れ始めました。そうすることで，黒板が埋まれば授業が終わりという見通しがもてたり，授業でのノートテイクも容易になる子どももいるでしょう。

③　文字の大きさや文字数に配慮する

　低学年だから，大きい文字を板書するとは，どこにも書いてありませ

ん。子どもたちがぱっと見て理解できる文字の大きさにしたいものです。これは，一概にどれぐらいと記せませんが，使っているノートのます目数などが参考になります。

　さらに一文は，簡潔にまとめたいものです。

　教科書や資料を写す場合でも，キーワードのみや簡潔にした文を提示するなど，書くことへの負担を増やさないようにします。書くことが苦手な子どもは，書くことのみにパワーを集中させてしまいがちです。書いた内容の理解は，置き去りになってしまうことがあるのです。

④　ノート記述しやすいようなます目黒板を使う

　低学年など，ノート指導には欠かせないアイテムかもしれません。黒板を真似して写すときに，ノートの横のます数と板書されている文字の改行位置がずれるだけで，どうしていいのか分からない子どがいるからです。

　昨今の教科書も，言葉の途中で改行されることも減ってきたので，理解をはかるためにも，必要な手立てです。

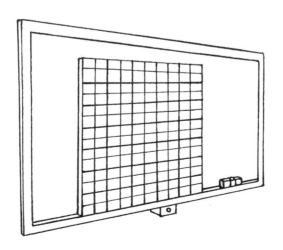

7 視覚刺激・聴覚刺激の調整

　個人差がありますが，教室内には脳を刺激するものがたくさんあります。先述した学級目標や学級文庫コーナーもそれにあたります。

　また備え付けのロッカーや棚，指導机などもこれらに入ります。視覚，聴覚それぞれへの調整が必要です。ポイントは３つです。

---

① 教室の棚や物等には，目隠しをする。

② 教室内，教室外からの騒音を遮断する。

③ ちょっかいを出す，話しかけるなどの刺激し合う子の座席を離す。

---

① 教室の棚や物等には，目隠しをする

　古い教室になると，戸棚がガラスの入ったもので，中がよく見えるようになっています。構造上とても便利ではあるのですが，中に入っている物が見えることによって，子どもの意識がそれる場合があります。

　そこで，そのガラスには，布や画用紙を貼ったり，テレビなどの機器には，カバーをつけたりして，目隠しをします。この目隠しも，赤やオレンジなどの気を引く色ではなく，紺や濃い緑などの色を使います。

② 教室内，教室外からの騒音を遮断する

　運動場からの声や音，魚などの水槽ポンプ，小動物の回し車など，音の情報を遮断，軽減することで集中が続き，気がそれなくなる子どもがいます。

　これは，音の弁別と言って，先生が説明している声と水槽のポンプの

第3章 専手必笑！ 通常の学級における教室環境

音が，同時に入ってきてしまう子どもがいるからです。本来人間は，今，この音を優先して聴くといった弁別ができます。しかし苦手な子どもには，難しいのです。集音マイクを使わずに，教室内の音をそのまま録音した時のような状態を想定してください。再生すると，声以外の様々な音が同じレベルで聞こえてくることでしょう。そのような状態が，常に続くため，聞き取りたくても，聞き取りにくいということがあるのです。

③　ちょっかいを出す，話しかけるなどの刺激し合う子の座席を離す

　よく気をそらしやすい子どもは，ちょっかいを出す子ども，すぐに話しかけてしまう子どもを近くの座席にしてしまうと，集中することが難しくなってしまいます。

　こういった子どもは，お世話好きだけど，さり気なく声をかけることができる子どもを隣の座席にしておくと，気をそらさないように促してくれることにより，集中も持続することができます。

10秒トレーニング①

子どもたちが学習に向かうまでには、学習に向かうための体になっているかどうかもポイントとなります。五感をはじめ、前庭感覚・固有感覚・触感覚などの発達にアンバランスさがあると、集中したり、自己制御したりすることが難しくなる場合があります。そこで、10秒程度で教室で簡単に取り組むことができる体づくりの遊びを紹介します。

1 つばめ

机の上に、両手を開いて腕を伸ばし、腕の力とバランスを使って足を伸ばします。電線に、ツバメがとまっているかのようなポーズになります。ポイントは、掌、特に指が外側へ向いていることと腕が伸びていることです。

2 指の体操

親指を軸として、人差し指、中指、薬指、小指と順番に、指先同士で、タッチします。

①人②中③薬④小⑤薬⑥中⑦人⑧中⑨薬⑩小と、子どもたちと1、2、3、4……と数えながらすると、リズムよく行えます。

ポイントは、狐の目のような形をつくるのではなく、親指を曲げて、まあるくタッチすることです。

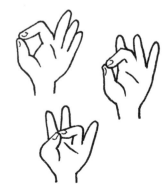

3 体を使ってじゃんけん

グーは、しゃがむ。
パーは、両手両足を大きく開く。
チョキは、体の前で、両腕をクロスし、両足もクロスさせます。
伸びたり縮んだり、正中線を越えたりできる遊びです。

第4章

専手必笑！
学級集団づくり

1 ルールの明文化

　たまたま代休のある日。遠出してご飯を食べに出かけていました。駅まで歩いている帰り道，ある小学校からこんな声が聞こえてきました。

　「大玉転がしのアンカーは，大玉を真ん中に持ってくるのが当然やろ！」

学校内を見ると絶叫している先生がおられました。地域が違うと運動会の季節も違うのかと思いながら見ていたのですが，小さな一年生の子どもたちを見てかわいそうになりました。

　学校のルールは，スタンダードとなるものができ始め，明文化されるようになってきました。学校ウェブサイトにも掲載されているところも多いです。それらは，子どもたちと確認しているだろうと思うけれど，目に見えるところに貼ってある学校ってどれぐらいあるのだろうか，また，そのスタンダードは，子どもたち一人ひとりに合うものなのだろうか，と考えてしまいます。

　また，学級でのルールはどうでしょう。学級ボールなどの約束事，運動場や特別教室の使い方，学習で言えば，ノートの使い方なども入るでしょう。これらのポイントは，4つになります。

---

① 学校や学級のルールは，教室内に掲示する。
② ルールはシンプルで誰もが実行できるものにする。
③ そのルールは，肯定文で示す。
④ 担任教師などからルールについての確認や評価を適切なタイミングで行う。

第４章　専手必笑！　学級集団づくり

① 学校や学級のルールは，教室内に掲示する

　４月に説明しただけでは，忘れてしまいます。できるのなら全校で統一した掲示用の約束事を作っておきたいものです。

　学級のルールも併せて貼っておくと良いでしょう。ノートなどについては，そのノートの裏表紙に貼るなどをすれば良いでしょう。これも，使い終わった後も，確認できるように，予備をたくさん印刷し，新しいノートにも貼っておきます。

② ルールはシンプルで誰もが実行できるものにする

　一文に一事。ルールは，シンプルが一番理解しやすいです。一年生でも分かる文章にしたいですね。そして，すべての子どもが実行できるということが大切です。

③ そのルールは，肯定文で示す

　「廊下を走りません」ではなく，「廊下を歩きます」です。

　ここでは，「遊びません」と否定で終わるのではなく，どうしたら良いのかを明示します。

④ 担任教師などからルールについての確認や評価を適切なタイミングで行う

　全校朝会でも良いですし，代表委員会などの取り組みがある学校では，「守ってるね週間」などを設定し，委員会活動に取り入れても良いでしょう。そして確認と評価をすることで，ルールも定着し大切にされます。

2 当番や係活動を取り組みやすくする

　当番と係活動は，別物です。

　当番とは，クラス内で順番に取り組むものであったり，代役がすぐに取り組むことができるものであったりします。代表的なものには，掃除当番や給食当番があります。

　係活動とは，その担当の係になった子どもたちが独創性をもって創作する活動のことです。

　たとえば窓の開閉を行うという仕事を作ったとしましょう。これは，当番活動になります。

　学級新聞を作るという仕事は，担当の子どもたちのオリジナリティーが発揮できるので，係活動となります。

　これらを取り組みやすくするためのポイントは2つあります。

---

① 　当番，係について行動の手順表やマニュアルを用意。

② 　当番については，活動場所に印をつける。

---

① 　当番，係について行動の手順表やマニュアルを用意

　当番については，活動の手順書があるとどの子どもも取り組みやすくなります。特に，特別な場所の掃除の仕方については，それぞれの場所によって違うこともあるので，

　1 　ほうきで床を掃く，ゴミを集める。

　2 　実験机をぬれぞうきんで拭く。

　3 　洗浄後の実験道具を片付ける（乾いたかどうかを確認する）。

　4 　ゴミ箱の中のゴミを袋に入れる。

第４章　専手必笑！　学級集団づくり

などと明示しておきます。これは，教師側で用意した方が良いでしょう。
　係活動においても，同じような手順書を作っておくと良いでしょう。ただし，活動のパターンは，子どもたちが生み出すと思われるので，係活動の子どもたちに作らせると良いかもしれません。

② 当番については，活動場所に印をつける

　掃除当番の場所をシールなどで印をつけておくと，スムーズに取り組むことができることが多いです。長い廊下を複数名で担当する場合，適度な長さごとに壁にシールで印をつけます。シールには番号を書いておきます。「１～２の間が，ひでくんの担当。２～３の間は，せいなちゃんだよ」といった具合になります。

　私の若い頃は機械的に係や当番を作って，子どもたちから希望を取り，決めていました。大きく３タイプに分けられるかなと考えています。
　Ａ　教師の決めた係を提示し，決められた人数を配当する決め方。
　Ｂ　子どもたちがやってみたい仕事を考え，それを担当する係を挙げていき，係の人数も制限無く，やりたい係に子どもたちが取り組む。
　Ｃ　係決めなどの時間を設定せずに，自然発生的に，できあがっていくのを待つやり方。
　私は，次第に，Ｃへと移っていった感じです。
　会社と呼ばせる実践もありますが，係活動に取り組まない子どもたちをリストラといって，仲間はずれにした例も聞くので慎重に……。

3 みんなちがってみんないい

　金子みすゞさんの詩「わたしと小鳥とすずと」に出てくる「みんなちがってみんないい」のフレーズは，至る所で耳にします。

　これが成立するためには，

・みんなとちがってもいいこと。

・そして，全員がそれを認められること。

が大切になります。これは，第1章の3「通常の学級で求められること」でも述べたように，学級集団の成熟が鍵となります。その素地を作る上でも，ポイントは次の3つになるでしょう。

---

① 学校生活の中で，助け合ったり，協力したりすることを仕組む。

② クラスの状態や方向性について，学級通信や学校ウェブサイトで伝えたり，保護者懇談会などで理解が得られるように説明する。

③ 一人ひとりの目標について明確にして，本人に伝える。そして，確認し，評価をする。

---

① 学校生活の中で，助け合ったり，協力したりすることを仕組む

　学級集団づくりにおいて，こうした取り組みを仕組んでいくことは，必要不可欠だと考えています。助け合う中で，違いを認め合い，協力する中で共感が生まれるからです。第5章でも述べますが，学習集団づくりにおいても，同じことが言えます。学習でつまずいている仲間に，自然と声をかけることができる集団にしたいものです。

　時には，学習課題を「全員が理解して，説明することができたらクリア」などと設定し，仲間で学び合いながら高まる姿は，単に学習を理解

第4章 専手必笑！ 学級集団づくり

した以上のものがうまれます。

② クラスの状態や方向性について，学級通信や学校ウェブサイトで伝
　えたり，保護者懇談会などで理解が得られるように説明する。

　説明責任という点で，大切なことでしょう。それよりも，子どもたち
のがんばり，そして，学級が一つのめあてに向かって進んでいる過程を
保護者も子どもたちと共有し，応援できる素晴らしさも，うまれます。

③ 一人ひとりの目標について明確にして，本人に伝える。そして，確
　認し，評価をする。

　一人ひとりの目標を明確にして行事や学習に取り組むことで，子ども
たちのやる気も増幅され，力もつくことでしょう。しかし，目標が何と
なく曖昧になったり，取り組んでいる過程で変更が必要なときには，一
歩立ち止まって，確認し，これまでの取り組みを評価し，再設定するこ
とが必要でしょう。

　また，それぞれ目標が違う者同士が目標を達成する姿を喜び合えると，
集団としての高まりを得られるでしょう。

　なんだか，ものすごいクラスに思えますが，「小さなことからこつこ
つと……」取り組みを積み上げていくと，ものすごい力になります。

67

4 誰もが過ごせる楽しい雰囲気

　「みんなちがってみんないい」ができる学級には，学級内に，「誰もが過ごせる楽しい雰囲気」が溢れています。

　楽しい雰囲気には，安心・安全も担保されています。子どもたち一人ひとりに居場所もあることでしょう。これも，基礎的環境整備の１つなのです。

　ポイントというよりは，誰もが過ごせる楽しい雰囲気の条件といえるのかもしれませんが，５つ考えています。中には，子どもの自主性ともつながるような視点も加えました。

---

① 　どの児童も発表できる機会をつくる。
② 　考えても分からないことがあると言える手立てをとっている。
③ 　１つの課題が終わったら，次にすることを常に用意しておく。
④ 　集中の持続が可能なように，同じ課題であっても変化を取り入れ繰り返し取り組ませている。
⑤ 　１時間に１回，笑いが起きる授業を仕組んでいる。

---

①　どの児童も発表できる機会をつくる

　声を出してする発表だけではなく，書いて発表，見せて発表もありでしょう。発表の仕方も，みんなちがってみんないいを取り入れたいものです。

②　考えても分からないことがあると言える手立てをとっている

　「分からない」ということは勇気がいることです。分からないときに

第4章　専手必笑！　学級集団づくり

は，チョキで挙手したり，ヘルプカードを机上に置いたりする手立ても
有効です。

③　1つの課題が終わったら，次にすることを常に用意しておく

　これは，鉄則かもしれません。常に取り組む課題を用意しておくこと
は，様々な活動に使えます。1つだけにしないことがポイントかもしれ
ません。そしてその活動も確認作業が不可欠です。読書であってもプリ
ント活動であっても，子どもたちがどの程度取り組んでいるのか把握し
たいものです。

④　集中の持続が可能なように，同じ課題であっても変化を取り入れ繰り返し取り組ませている

　学級づくりや授業づくりでよく耳にする言葉，「変化のある繰り返し」
です。100問掲載されたプリントを一度にさせるよりも，10問掲載され
たプリントを10回する方が，効率良く定着するとはこのことです。

⑤　1時間に1回，笑いが起きる授業を仕組んでいる

　故有田和正先生の「一時間で一回も笑いのない授業をした教師は逮捕
する」は，あまりにも有名です。常にユーモアのセンスを磨くことを教
師修業・人間修業のひとつとして実践されてこられた先生です。一番大
事なことは，「笑うこと」。子どもたちと一緒に笑える教室からは，大き
ないじめも起こりません。

　音読で例えると，通常のスピードで音読するところを高速で読んだり，
ロボットのように音読したりします。芸能人のものまねや台風のレポー
ターなどのように音読するなど，ちょっとした工夫で笑顔が生まれます。

69

10秒トレーニング②

4 片足立ち

文字通り，片足で立ちます。10秒間です。机の間が広い学級では，目をつむることを取り入れても良いですが，低学年では，怪我の可能性があるので，よく考えて取り組んでくださいね。

5 動物まねっこ

先生の動きを真似します。相手の動きと同じ動きをすることで，運動企画や身体知覚が鍛えられます。簡単な動き、提示を短くしてワーキングメモリーのトレーニングなどにも応用できます。

6 目玉の体操

黒板の両端に記号を書きます。できるだけ横に長い黒板が有効です。

例えば，右端に☆，左端に○を書きます。そして先生が，交互に，「星！」，「丸！」と指示をします。子どもたちは，眼球だけを使って，その記号を見るのです。

両肘を机につけて，掌は顔を支えるように取り組むと，首が動かないので眼球のトレーニングになります。これも，縦横やななめなどの動きを入れることで，応用できます。

この体操を子どもが楽にできるようになってくると，板書をノートに写すことがスムーズになってきます。もちろん，ノートを取ることだけでなく，目で見て何かをする活動に取り組みやすくなってきます。

第5章

専手必笑！
学習集団づくり

1 　学級集団と学習集団

　学校ではよく，学級集団づくりが，大事と言われます。これは，学級経営とも言われます。

　先生方は，担任となるクラスの子どもたちと，学校目標を目指し，カリキュラムに掲げたことができるように子どもたちを育みます。その際に，荒れることなく，様々な活動に前向きに取り組むように，様々な手立てを考え取り組みます。

　また私は，学習集団づくりにも，力を入れてきました。学習を進めていく上での仲間づくりです。

　その中で一番に大切にすることは，学習のルールを明確にすることです。学習集団づくりをする中で，学級集団ができあがってくると考えています。

　学級集団づくりは，学級の子どもが一斉に揃って何か活動をするという意味ではありません。学級集団とは，子どもたち一人ひとりが，自分の個性や特性を活かして，力をつけ伸びていく仲間のことです。それぞれの将来の夢や身近な目標などに一生懸命に取り組みながら，一緒に過ごしていく集団のことを指します。ドラゴンボールなら，いわゆる孫悟空の仲間。ONE PIECE で言うなら，麦わら海賊団の面々のような集まりです。ある意味，新世界の猛者たち大集合のクラスは，楽しいです。

　学級集団でのルールは，第4章の1「ルールの明文化」で触れました。学習集団には，学習のルールが必要です。私が子どもたちによく話をし

第５章　専手必笑！　学習集団づくり

た学習のルール「あいうえお」を紹介します。

学習のルール「あいうえお」

あ　「あいての顔を見て」

　話している人は，聞いている人の顔を見ながら話し，聞いている人は，話している人の顔を見ながら聞くことです。

　授業での話し合いなどは，真剣にお互いの顔を見つめながら（目を見るのではなく）したいです。その方が勉強もよく分かります。

　そっぽを向いて話されたり，そっぽを向いて話を聞かれたりしたら，どのように感じるでしょうか。話し合いの雰囲気も崩れてしまいます。

　じっと目を見られるのが苦手な子もいますが，ペアトークでは適度に目を離すこともあるかもしれません。それでもかまいません。そっぽを向かなければ良いのです。クラスでの発表では，多くの人のいる方を向くと良いですね。

い　「いつでもまず返事」

　「はい。」と元気に返事をすることは，「自分は，ここにいます。」と，相手に存在を知らせるということです。そして，相手の心に応えるという働きがあります。

　そっと呼ばれたら，そっと返事をし，大きな声で呼ばれたら，大きな声で返事をしたいものです。

　当たり前のような話ですが，これが合わないと，とてもちぐはぐになり，相手に失礼になることもあります。とにかく大きな声でするのではありません。

　いつでも，どこでも，堂々と返事をさせたいものです。おうちに帰っても，呼ばれたら必ず返事をさせたいです。

73

う　「うなずきながら聴く」

　　　真剣な目を向けて，うなずきながら話を聴いてくれる友だちがいたら，つい話している子どもは，その友だちを見ながら話をしたくなってきます。

　これは，聞き手が話し手に対して親しみをもち，同じ考えだなあとか，自分の考えと比べてみてどうかなあと考えているからでしょう。

　発表の苦手な人や言おうとしている意見に少し自信が無いときに，聴いている仲間が，うなずきながら聴いてくれていたら，その子は，どれだけ励みになり，ほっとするでしょうか。

　先生にとってみれば，「聞く」から「聴く」への成長でしょう。そして，時には，友だちに「訊く」こともでき，それが当たり前になってくると，学習集団への成長と「効いて」きます。こうしてハイレベルの集団となって，活動にも応用が「利いて」きます。だからこれは，良い聴き手となるために忘れてはならない子ども同士の心遣いなのです。

　また自分の思っていること，考えていることを精一杯，語り合える教室にするための大切な条件です。

　一人の子どもの話がクラス全員の友だちに響いている。これは，このようなうなずきや反応があるときでしょう。そのような教室にしたいと，考えてきました。

え　「笑顔で反対」

　　　反対意見を言うときは，とかく攻撃的な態度になりやすいものです。反対意見を言うということは，相手と対立するということだからです。

　でも，よりよい考えを生み出すためには，常に反対の考えが必要です。

　本当の意味での反対は，反対のための反対ではなく，よりよい進歩と発展のために，しなくてはいけません。つまり，「人と意見を区別する

第5章　専手必笑！　学習集団づくり

こと」が大事になります。これは，人権教育の視点の1つとも言えるでしょう。意識していても子どもたちは興奮してしまい，とげとげしい反対意見が出てきます。クラスの子ども自身の感情を悪くするだけでなく，正しい判断，正しい考えを邪魔してしまうこともあります。ここは，ぶれずに本当の意味での反対を指導したいものです。

　だからこそ，子ども同士が，意見に反対するときこそ，気分をやわらげて，笑顔で行わせたいのです。

　「おかしくても笑わない」
　　　　　先生のギャグを笑ってはいけないということではありません（笑）

　話をしたがらない，発表を苦手とする子どもにそのわけを尋ねると，その多くが，「笑われるのが，いやだから。」と応えます。失敗や間違ったことがあるからこそ，学校に毎日勉強をしに来ているのですが……。

　この場合の「笑われる」は，馬鹿にされたり，「なんや，あいつ，あんなんも分からへんのか！」と受け取ってしまうことです。

　間違った答えや少し足りない答えは，クラスのみんなで考えていくためのきっかけとなるので，歓迎したい意見ですよね。そういう意味では，こういった間違った意見などは，「ナイス間違い」なのです。そして，その意見をさらにすぐれた考えに，みんなで高めていくのです。そのためには，温かい雰囲気の話し合いを進めてほしいものです。また，「笑われても気にしない」という強さも身につけてほしいです。

75

2 学習活動に参加できる集団（班，小グループ）

　学習活動の中で，小集団グループで活動すると，活動効率が良かったり，子どもの思考が深まったりすることがあります。これも，突然，「グループで話をしてごらん」では，成立しないことがあります。それは，グループでの話し合いの成功ポイントを指導していないからです。そのポイントは，2つあります。

---

① その子なりに参加できるルールの確認をする。

② 集団に参加できるための個別スキルを提示する。

---

① その子なりに参加できるルールの確認をする

　どちらかというと，おとなしかったり，引っ込み思案だったりする子どもや集中時間が短い子どもなどのためにルールを設けておくと良いでしょう。

　・話し出すきっかけ

　　「よろしくお願いします」

　　「○○について相談しよう」 ※○○は，板書しておく

　・話す順番を決める。もしくは，決めておく。

　・友だちが言い終わった後に，「いいね」という。

　・話す前に意見を書く時間をとっておく。※絵や図でも良い。

　こういったものを何度か繰り返して指導をします。

　また，グループ活動の前に提示できるように，フリップボードとして作っておくことも良いでしょう。

② 集団に参加できるための個別スキルを提示する

①でも難しい子どもがいました。そこで，その子にあったフリップボードを用意します。もちろん，カードサイズで作ります。複数名いたのですが，これを持っていると恥ずかしいといった気持ちやプライドが許さないといった子どももいるので，ひでくん専用カードと書いて，好きなキャラクターの絵を入れて持たせました。すると，他の子も，欲しいとなってしまいますが……。

でも，それでいいんですよね。個別指導のスキルやアイテムが，ほかの子どもも意識していること，そして，それが有効だと感じること，何よりも，周囲が欲しいとなれば，それは，特別ではなくなること。学級の風土となり，文化となります。個別にみんなの分を作ってしまえば，①のフリップボードがいらなくなります。

ひでくん専用カード
①あいさつ「よろしくお願いします」
②○○○○について。
③●●さんは，どうですか。

1枚1枚作るのは，たいへんだ！　と思われる先生もいることでしょう。

でも，Excel（Microsoft）のような表計算ソフトと
　・ラベルマイティプレミアム（JustSystems）
　・ラベル屋さん（A-ONE）
　・Word（Microsoft）
から1つ選んで，差し込み印刷機能を使うと，あっという間にできてしまいます。ラベルマイティプレミアムは，画像も差し込みが可能なので，使い勝手が便利です。教師必須のソフトと言ってもいいかもしれません。ラベル屋さんは，フリーソフトです。

3 学習参加するためのスキルなどを 小集団で指導してもらう

　参加するためのスキルなどを小集団で指導してもらう方法もあります。
これは，関係機関との連係がメインとなります。通級指導教室や小集団
指導をしている療育サービスなどです。

　療育サービスについては，療育・身体障害者手帳の有無などの条件が
あるので，誰もが利用することはできません。サービス内容は，様々で
す。

　保護者の方と対話による相談をして，進めていくことも可能なのかも
しれません。対話による合意形成ですね。学級や家庭で子どもがつまず
いていることを挙げ，学校でできることと療育などのサービスを通して
指導できることに分けます。

　昨今，学校近隣の療育サービスが保護者の依頼などにより，学校と連
携するケースも見られるようです。ただ費用が発生する場合があるので，
何でもできるというわけではありません。療育サービスの指導員と担任，
特別支援教育コーディネーター，場合によっては，管理職を含めた相談
ができると良いですね。この相談内容は，個別の指導計画や個別の教育
支援計画に記載します。

　通級指導教室では，通常の学級に在籍する子どもたちによってなされ
る学習活動へ参加するためのヒントをたくさん知っています。専門家
チームが充実しているところもあることでしょう。保護者が家庭でのつ

第5章　専手必笑！　学習集団づくり

まずきについて相談し，学校での様子を担任や特別支援教育コーディネーターが伝えます。

　通級指導教室では，年に数回，保護者に通級指導教室での様子も見に来てもらえます。これは，教室の規模にもよりますが，さらに具体的なヒントをいただけるかもしれません。国は，通級指導教室の指導員を増やし始めているので，今後，取り組む内容も充実することでしょう。

　しかし，その子どもが通っている学校内に通級指導教室が設置されているとは限りません。まだ設置されている学校へ通うスタイルがほとんどでしょう。場合によっては，遠くて通うことが難しいため断念される家庭も多いと聞きます。

　そのような場合は，先生自身で，通級指導教室の先生に相談することは可能でしょう。子どもそのものを見ていない場合が多いので，ずばり命中！　といった助言は少ないかもしれませんが，様々な手立てを知る機会にはなるでしょう。

　自治体によっては，教員研修の一環で，通級指導教室の見学会などを実施しているところがあります。機会があればぜひ，行かれることをお勧めします。
　しかし通級指導教室でできたからと言って即，教室でできるとは限りません。子どもにとってみれば，教室とは，環境が違うからです。長い目で力をつけていくのです。

79

4 困難さを感じた時の行動の仕方

　先生がどれだけ手立てを取り入れても，全ての活動がうまくいくとは限りません。そのようなことは，無理といっても良いかもしれません。私たちが大切な言付けをメモするように，低学年のうちから，困ったときの対処法，成功法則を身につけさせていきます。

---

① 集中力が途切れた時やじっとしていられない時に，どうするかなどの具体的な行動の仕方を本人と決める。
② 授業内容は聞くばかりでなく，具体的な活動を入れておく。
③ 周囲の子どもたちにも人の嫌がるような行動を慎むように伝える。

---

① **集中力が途切れた時やじっとしていられない時に，どうするかなどの具体的な行動の仕方を本人と決める**

　いらいらしたときには，

・拳を握る。
・大人に言う。
・マイハウス（段ボールで作ったお気に入りの部屋）に入る。
・校舎内を一周して戻ってくる。

などと，決めたことがあります。子どもと一緒にできることを約束しておくと良いでしょう。もちろん，これで全て解決ではありません。発達年齢に応じて，約束は変化します。その中で，いらいらしたときの折り合いの仕方を学んでいくことができるでしょう。このような経験の積み重ねが，生きる力へとつながります。

80

第5章　専手必笑！　学習集団づくり

②　授業内容は聞くばかりでなく，具体的な活動を入れておく

　授業には，合法的な立ち歩きを入れましょうと，授業について話をするときに伝えています。授業時間中，ただじっと座って取り組むことができる子どもは少ないのではないでしょうか。体を伸ばしたいだろうし，少し歩いて気分を変えることで効率が良くなる場合もあります。

　・教師が配付する　→　子ども自身が取りに行く
　・隣同士で相談する　→　離れた友だちと相談する
　・授業の用意を全部机上に用意させる　→　使うときに，その都度，
　　　　　　　　　　　　　　　　　　　　　　　　　　取りに行く

③　周囲の子どもたちにも人の嫌がるような行動を慎むように伝える

　これは，高学年で取り組んだ手立てです。

　あるトラブルが起こった時，「どうせ，俺が悪いんや。」とすごむ子どももがいました。しかし双方の言い分をひもといていきました。

　先述したように，話を視覚化します。これをコミック会話と言います。その話をクラス全体の場で考えます。すると，双方のいけないことも見えますが，このきっかけを作ったのは別の子で，怒り出す所を見たくて，いつもきっかけを作っていたことが分かりました。

　人の嫌がることはしないこと。いらいらスイッチを押さないこと。

　このような話ができて，広がると自然と折り合うことを理解します。

5 個別に説明する

　日本の授業の大半は，一斉指導によって成立していました。今後の「主体的・対話的な深い学び」となる授業では，一斉指導のみならず，様々な学習形態を取りながら学習が進むことでしょう。その中であっても，発問や指示，説明などの教師の言葉を子どもたちに伝える機会は，欠かせません。

　どの子どもも課題に取り組み，つけたい力を定着させるためには，個別指導も必要です。ポイントは，4つあります。

---

① 指示内容が理解できているか，その都度確認する。

② 指示理解の弱い子に対して，個別に説明を加える。

③ 言葉だけの説明で理解できない子には，絵や図などを使う。

④ 説明することの苦手な子どもに対して，時々時間をかけてゆっくり聞く。

---

① 指示内容が理解できているか，その都度確認する

　子どもの学習状態を確認することは，学力として定着させるためのカギです。どの子どもにも必要なことですが，一斉に確認するだけでなく，個別に確認する必要がある子どももいます。活動を細かく分けて指導した場合は，その都度，確認をしたいです。また，取り組む前や取り組んだ後，時には取り組んでいる途中に，確認が必要でしょう。子どもに合ったペースで取り入れます。

第5章　専手必笑！　学習集団づくり

②　指示理解の弱い子に対して，個別に説明を加える

　教師は，指示をしたから全員が取り組むことができるといった妄想から解き放たれなくてはいけません。指示を完璧に通すのなら，簡潔に1つの言葉で1つの指示になるのでしょう。それでも難しいかもしれません。困っていることをつかみ，その子どもに合った話し方や伝え方で説明を加えます。

③　言葉だけの説明で理解できない子には，絵や図などを使う

　②からの続きになりますが，言葉の説明を視覚化します。私たちも，図を見せてもらうと瞬時に理解することがあります。これと同じです。説明後，何に取り組むのかをもう一度言わせることも理解につながります。

④　説明することの苦手な子どもに対して，時々時間をかけてゆっくり聞く

　説明することが苦手な子どもは，分からないことや困っていることを伝えることも苦手です。時に，「分からない」とだけしか言わない子どもに出会ったことはありませんか。

　毎時間の授業では，なかなかできませんが，時々時間をかけてゆっくりと話を聞くときが必要でしょう。時折，「それは，こういう意味かな」と聞き返しながら，笑顔で確認が必要です。

　ゆっくりと話を聞くというのは，ただ単に聞くのではありません。傾聴姿勢で聞くことが大切です。

6 子どもの話は，傾聴姿勢で

　先述の「個別に説明する」の中で，「説明することの苦手な子どもに対して，時々時間をかけてゆっくり聞く」ことについて述べました。と言っても，黙って子どもの話を聞くのではありません。

　また，聞いた途端，こちらが思っていることを伝えるのでもありません。傾聴姿勢で聴くことがポイントです。傾聴（共感・無条件の肯定的理解・自己一致）という言葉は，アメリカの心理学者であるカール＝ロジャース氏が提唱されたものです。

　傾聴を簡単に言うと，

> 「子どもの話をありのまま受けとめて聴くこと」

がポイントです。英語でいうとアクティブ・リスニング。積極的に聴くことです。

　たとえば，算数の時間，
　「この計算が分からない。」
と言ったのなら，
　「そうかあ，この計算　４５÷６　が分からないんだね。」
と返すのです。（同じ言葉を使って返す）
　決して子どもの話に対して，
　「えっ，さっきと数字が違うだけだよ。」
とか，

第５章　専手必笑！　学習集団づくり

「どこまでできるの。」

などと返しません。傾聴では，なくなります。

「うんうん，そうだね」と笑顔で相づちをうち，共感します。または，子どもが使った言葉を入れて返します。（無条件の肯定理解）

基本的には，子どもが話したいことを自由に話し受け止めます。

そして，聴いている自分も，素直になって聴く（自己一致）ことです。

取り組む中で，子どもを受け止め理解し，話しやすい態度，うなずきやあいづち，言葉を繰り返すなどの傾聴姿勢を取ります。続けていると，子どもとの関係も良くなります。このやりとりを子どもは学んでいきます。

子どもに直接聞いたことはありませんが，もしかすると，いらいらしたときに，先生と話すだけでストレス解消！　なんてこともあるのかもしれません。

傾聴は，心理学者の言葉です。つまりカウンセリングなどで用いられる手法でもあります。ちょっと知っているだけで，子どもとの関係だけではなく，これを読んでくださっている方自身の周囲の関係も良好になるのではないかなと感じています。

7 視覚化する

　日本人の多くは，視覚情報を元に，活動することが多いとも言われます。特に子どもたちにとっては，何度も見て確認することができる視覚情報があると，活動に取り組みやすくなることが多いです。そのポイントは，4つです。

---

① 　指示・伝達事項を視覚的（板書）に提示する

② 　抽象的な表現，あいまいな表現をできるだけ避け，具体的な表現に置き換える

③ 　大事なことはメモさせる，メモを渡すなど，記憶に頼らない方法を取り入れる

④ 　活動の最後まで順に並べて提示しておく

---

① 　指示・伝達事項を視覚的（板書）に提示する

　「教科書の 45 ページの 1 番の③の問題に載っている式をノートに写します。」

と先生から投げかけられると，「ノートに写す」だけしか聞き取れず理解できない子どもがいます。なぜならこの指示には，

　　1 　教科書を出す　　　　　　2 　45 ページを開く

　　3 　1 番を探し，③を見る　　4 　ノートを開く

　　5 　式を写す

5 つの行動が入っているのです。優先順位をつけるのが難しい子どもや聞いて理解する力が弱い子ども，そして，聞いたことを保持しておく力の弱い子どもは，音声言語のみの指示は，伝わりにくくなります。だ

第5章　専手必笑！　学習集団づくり

から，文字にして伝えます。校外に出ているときには，スケッチブック
と太字の油性ペンなどを使って，伝えると良いでしょう。私には，ス
ケッチブックと太字の油性ペンは体育の時間の必須アイテムでした。

② 抽象的な表現，あいまいな表現をできるだけ避け，具体的な表現に
　置き換える

　「ちゃんと，きちんと，しっかり，静かに，激しく動かして，ちょっ
と……」など，人によって解釈が様々な言葉があります。また，「教室
に入る」という言葉も，肯定だけでなく，問うように発音する場合もあ
ります。これも聞き取りに弱さのある子どもは理解できないことがある
のです。

　　ちゃんと座る　→　足の裏をつけて，背筋を伸ばして座る

などと具体的に伝えることが大切です。

③ 大事なことはメモさせる，メモを渡すなど，記憶に頼らない方法を
　取り入れる

　これは，私たちも自然に取り組んでいることではないでしょうか。こ
れも経験を積んで学んでいくのでしょうけれど，子どもたちに早い段階
で経験させることで，指示されたことが忘れにくくなり，取り組みやす
くなります。これが習慣化すれば，教師が板書することも無くなるのか
もしれません。

④ 活動の最後まで順に並べて提示しておく

　聞いても分からないけれども，全体の流れが分かれば取り組むことが
できる子どもがいます。

　　1　画用紙を切る　　　　2　写す　　　3　……

などと順に示します。そして完成形を置いておくことが大事です。

87

8 不器用さ，運動の苦手さ

　字形が整わない子，はさみを使ってもうまく切ることができない子，縄跳びが跳べない子，ボールをうまく投げられない子など，なんだかぎこちない動きによって，つまずきを見せたり，取り組むことを嫌がったりする子どもがいます。そんな子どもに取り組ませるには，ポイントは，2つあります。

> ①　手先の不器用さ，運動の苦手さをフォローする手立てを取り入れる。
> ②　活動内容を小刻みに分ける。

① **手先の不器用さ，運動の苦手さをフォローする手立てを取り入れる**

「課題をしましょう」と，先生が指示するやいなや，

「無理。」

「分かりません。」

と，課題を見る前から，参加の拒否に陥ってはいけないです。つまり，取り組まなくなることは，その子どもが伸びるチャンスを逸してしまうからです。

　字形が整わないのは，肩から手首，指先にかけて，力の入れ方が分からなかったり，そもそも鉛筆の持ち方が間違っていたりするのかもしれません。

　文字練習の前に，鉛筆をスムーズに動かすトレーニングを取り入れる

第5章　専手必笑！　学習集団づくり

ことが必要かもしれません。波線，点線，渦巻きなどを描くワークシートを用意します。インターネットの無料サイトなどでは，ワークシートが PDF で公開されています。

　鉛筆補助具を使うことも良いでしょう。こちらも自作できるタイプから鉛筆や指につける物までいろいろなタイプがあります。インターネットで調べることができます。

②　活動内容を小刻みに分ける
　いわゆるスモールステップ指導です。跳び箱を例にとってみましょう。

1　助走
2　踏切
3　着手
4　腕支持
5　跳び越し
6　着地

となります。それぞれに指導のポイントがありますね。
　感想文では，

登場人物の確認
おもしろかったところ
もし自分だったら，どうするか
学んだこと

などに分けることができます。感想文などの国語関係の詳細は，拙著『楽しく学んで国語力アップ！「楽習」授業ネタ＆ツール(国語科授業サポート BOOKS)』(明治図書出版)に，たくさん掲載しています。

9 時には，好きなことで得意顔

　勉強は苦手だけど，運動なら……とか，アニメのキャラクターのことなら，なんでも知っているという子どもは，いませんか。もしその子どもが普段なかなか日の目を見ないのならば，プロデュースしてしまいましょう。そうすることで，その子どもの自尊感情や自己肯定感が保たれたり高まったりします。その結果，学級集団で困っていたことや友だち関係が改善することがあります。ポイントは，6つです。

---

①　一日の中で一回は，ほめられる場面をつくる。
②　得意なことが発揮できる活動を時々入れる。
③　本人の得意としていることなどをクラスの友達へ知らせる。
④　本人の成長している点について，時々本人に伝える。
⑤　学校生活の中で苦にしていることなどについての訴えを聞く。
⑥　学校が好きになれることを一緒に探したり，提示したりする。

---

①　一日の中で一回は，ほめられる場面をつくる

　よく一日一回発表するという取り組みはよく聞きますが，一日一回ほめられるというのは，容易ではないのかもしれません。ほめるのは先生だけでなく，他の先生，友だちなど誰でも良いのです。

　私もこれを発展させて，持ち上がりの2年間で，「学年全員表彰状をもらう」にチャレンジしたことがあります。様々なコンクールに応募して，50名弱の学年でしたが，見事達成しました。子どもたちの挑戦力も高まり，まずやってみようという気持ちが高まりました。

第5章　専手必笑！　学習集団づくり

②　得意なことが発揮できる活動を時々入れる

　学級活動などで，腕相撲大会や将棋大会，トランプの七並べやばばぬき大会などに取り組んだことがあります。トランプゲームなどは，偶然性もあるので，様々なチャンピオンが生まれます。

③　本人の得意としていることなどをクラスの友達へ知らせる

　また昆虫についてよく知っているなどの博士のような子どもたちには，新聞を作らせたり，自主勉強ノートにまとめさせたりした後，クラス内で紹介することも良いでしょう。

④　本人の成長している点について，時々本人に伝える

　これは，後述の菊池省三先生の御実践「ほめ言葉のシャワー」を行うと良いです。

　もちろん，日記のコメントや漢字や計算の宿題ノートのコメントに成長した点を書き添えることも手軽に取り組めます。

⑤　学校生活の中で苦にしていることなどについての訴えを聞く

　「ちょっと待ってね」は，禁句です。「うちの先生は，聞いてくれないねん」と話す一年生に出会ったことがあります。悲しいですよね。訴えには，最大限に耳を傾けてあげたいものです。直接に，間接に，日記で，など，方法は様々です。

⑥　学校が好きになれることを一緒に探したり，提示したりする

　学校生活での楽しいことみつけができると良いですね。自尊感情が低い子どもは，好きなことは何もないと言い切ってしまいます。学校紹介などを作る機会が一番取り組みやすいです。

91

10 ほめ言葉のシャワー

　誰もが過ごせる楽しい雰囲気をつくることや，誰もが一日一回ほめられる機会について述べました。そこで学級が高まった私の取り組みの一つとして，教育実践家，菊池省三先生の御実践「ほめ言葉のシャワー」をもとにした実践を紹介します。

　文字通り，ほめ言葉がシャワーのようにその子どもに降り注がれるのです。くわしくは

　『菊池先生の「ことばシャワー」の奇跡』菊池省三・関原美和子著（講談社）

　『小学校発！　一人ひとりが輝くほめ言葉のシャワー』菊池省三著（日本標準）

　今の教室を創る菊池道場機関誌『白熱する教室』No.003（中村堂）

などを参照していただけると良いでしょう。

　ほめ言葉のシャワーは，ある特定の子どもに対して，一日の中で，最近の様子，以前からの向上的変容などを本人に周囲の仲間たちが伝える取り組みです。

　私自身は，１，２，５年生で取り組みました。その時間は，なんだかほんわかとした温かい空気に包まれる実感をもっています。

　低学年で取り組むと，どこかかわいい雰囲気が残ります。ほめられるという行為が，言われている子どもたちにとって心地よいのか，この時

第5章　専手必笑！　学習集団づくり

間を心待ちにしていました。

　30人強のクラスで，15分間程度で終わります。まずは，ほめられる
こととほめることが心地よいと，子どもたちが感じることが先決です。
この実践で，私が何よりも大切にしていたことは，
　①　子ども同士がほめる・ほめられる関係であること。
　②　子ども自ら相互にほめる・ほめられること。
です。先生だけではなく，同じクラスの仲間からもほめられることは，
精神的な安定度が高まるだけでなく，様々な効果が見込まれるだろうと
考えています。

　子どもの中では，少しくじけそうになっていることでも，
　「逆上がりの練習をがんばっていますね。これからも続けて，がん
ばってください。」
と言われた次の日には，朝から鉄棒に向かっています。
　「筆算の計算が速いですね。真似したいです。」
と言われたその日の自主勉強には，一体何ページしたのかなと驚くよう
な量を綴ったノートが届きます。子どもたちのやる気だけではなく，子
どものもつ可能性まで高めているのではないかとさえ感じる行動が，現
れてきます。

　当時，菊池省三先生を私が勤務している学校にお呼びし，私の学級で
授業をしていただきました。子どもたちとの最高の思い出です。

11 困っていることなあに？

　日記や子どもたちの会話などから，時折，聞こえてきたりはしません
か。迷惑だと思っていること，困っていること，嫌だと言っていること，
などが。

　これらのことを全くゼロにすることが理想ですが，教室の中から，無
くしたいと考えるのは，教師だけではないでしょう。これも教室環境を
つくるという点では，大切なことだと考えています。

　若い先生の強みは，いっしょに汗だくになって遊ぶことができること
でしょうか。授業は少々……であっても，子どもたちは，遊んでくれる
先生が大好きです。そうして教師と子どもとの縦糸を作り，太いものに
していきます。

　こうした子どもとの関係づくりの中で，子どもは迷惑だと思っている
こと，困っていること，嫌だと言っていることについて話してくれます。

　こういった話は，繊細なところがあります。秘密にして……というこ
ともあります。また，過去の話をむしかえし……ということもあります。

　私がある学年を担任した時，少し健康状態が思わしくなく得意なこと
がなかなか見つからない子どもがいました。その子どもに，私が得意と
する卓球を教えたのです。
　初めてラケットを握らせたときは，ひどいものでした。もともと運動

94

第5章　専手必笑！　学習集団づくり

が得意でないので，思い通りにボールが飛んでいきません。でも，なんだか楽しそうでした。

　少しずつラリーがつながるようになった頃，学級遊びの時間を設けました。雨だったからなのかは忘れましたが，卓球をしようということになりました。

　私が教えていた子どもも大喜びでした。その子がいつもの仲間と卓球を楽しんでいたところに，何をやらせてもトップクラスの運動ができる子どもが，その子に勝負を挑んだのです。

　試合が始まりました。しかし，あっという間に終わりました。そうです。私が教えていた子どもの圧勝でした。
　周囲の見る目が一変しました。卓球が上手なせいちゃんと，一目置かれるようになったのです。
　それからというものの，授業での発表が増えました。学習活動に積極的になっていきました。

　そして私はいつものように，日記の課題に「困っていること」を設定しました。するとその子は，日記に次のような内容を綴ってきました。「３年生の頃に，Ａにいじめられたことが忘れられない」と。この一文を見た保護者が激怒。幸い解決には至りましたが，数年間，この事実を親にも当時の担任にも言えなかったのだと思うと，私も胸が痛みました。困っていることは，その年のことだけでないこともありますが，改善されることで活躍できるようになります。

95

10秒トレーニング③

7 ぞうきんがけ

私が低学年をもつと，掃除の時間が終わって全員が着席した時には，マイ雑巾を持って座ります。そして，椅子に座って自分の机を片手で拭かせます。右利きの子どもならば，まず左上から横へ拭き，そのまま雑巾の大きさ分手前へ下げて左端へ。また，雑巾の大きさ分手前に下げて右端へと動かさせます。正中線交差のトレーニングです。

8 蹲踞（そんきょ）

かかとを上げて，つま先立ちでしゃがみます。剣道での試合開始前の姿勢です。はじめから10秒間できる小学一年生は，少ないかもしれません。かかとをつけたしゃがみ方ができても，蹲踞ができない若い先生もいましたね。

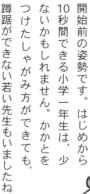

9 かかと歩き

つま先を上げて，かかとだけで両足立ちをします。そして歩きます。土踏まずの育成だけでなく，かかとが地面につく感覚を体感させることで，かかとが地面につくようになり歩き方も変わります。

10 舌のトレーニング

「かぱたかぱた」「しちしち」と10回繰り返して言います。舌のトレーニングです。

舌を上下左右に動かすことも良いでしょう。「アナと雪の女王」の挿入歌，「雪だるまを作ろう」の柱時計の音を舌で，カッコンカッコンと鳴らす動きも取り入れると良いです。

第6章

専手必笑！
困っている子ども
への手立て

国　語

① 文章を目で追いながら音読することが困難な子ども

① 授業中の観察が必要。
② 机間指導で，困っていることを把握する。
③ 場合によっては，音読をさせる際，「必ず両手で本を持ちなさい」という指導は避ける。

　授業中の観察で困っている子どもを見つけ把握します。私も，縦書きと横書きの違いで音読がすらすらできない子どもを担任した時には，なかなか見つけることができませんでした。専科教員などの力を借りることも大切です。

◆音読を目で追うことが難しい場合，次のような方法があります。

　・言葉を親指と人差し指で，はさむ。

　・文を指で押さえる，なぞる。

　・色画用紙などを読む文の横に置く。

　・ラインマーカーなどのペンで，一行ずつ色をつけてあげる。

　・行間を空けるために拡大コピーをする。

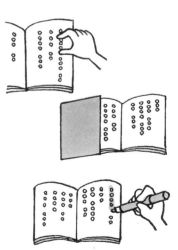

・語のまとまりや区切りが分かるように分かち書きするなどリライトする。

・読む部分だけが見える自助具（スリット等）を使う。

通常の学級の子どもで，音読の困難さをみせる子どもたちは，単純に拡大コピーでOKな子どももいます。

一年生の国語の教科書のように，言葉と言葉の間にスペースがあるように教材文を作り替えることで，やる気を出した子どももいます。分かち書きにするわけです。そして，漢字に振り仮名を振るだけでも，大きい効果があります。学習の苦手さを軽減でき，取り組みやすくなるからです。

自助具は，リーディングスリットと呼ばれます。厚紙に教科書の文字の大きさに合わせて，1行だけ見ることができるように作ると良いです。

国 語

登場人物の心情や情景を想像することが困難な子ども

① 具体的に分かる教材を使って支援する。
② 図や記号を活用し，明示する。
③ 表現活動は，一つに限定せず，多様性を認める。

通常の学級の子どもで，登場人物の心情や情景を想像することに困難

さをみせる子どもたちは，絵に描いてみたり，演じてみたりすることで
理解を示す子どももいます。多様な表現方法を取り入れましょう。

◆想像をしやすいヒントを用意します。
　○日常の会話や生活経験などの例文を示す。
　　・昔話などの言葉を現代文に直す。
　　・登場人物のやりとりを実際にやってみせる。

　○心情の移り変わりが分かるキーワードを示す，掲示する。
　　・教科書の巻末にあるような言葉を提示します。
　　　＊光村図書では，「ことばのたからばこ」になります。
　○心情の変化を図や矢印などで視覚的に分かるように示す。
　　・心情曲線で，登場人物の気持ちの移り変わりを示す
　　・登場人物の関係を相関図に表す。

　○写真やイラストを提示する。
　　・板書にも挿絵を掲示したり，矢印などを使って表したりする。
　　・出来事作文などでは，特徴のある写真を見せる。

　○表現方法を発言や文章表記以外も取り入れる。
　　・言葉で発言することが困難な子どももいます。書いて意見を示し
　　　たり，絵で描いたりすることも認めます。

　○自信をもつために，タイミングを外さず具体的にほめる。
　　・これが一番大切かもしれません。
　　　「昨日の国語の発表，すごかったなあ」
　　では，タイミングだけではなく，何をほめられているのか分かりませ

第6章 専手必笑！困っている子どもへの手立て

んね。

いい発表をしたすぐあとに，話し方や意見の深さなどをほめます。

社 会

 地図等の資料から必要な情報を見付け，読み取ることが困難な子ども

社会科は資料が命とも言われます。しかし何を選び，どこを読むのかが分からないと資料も宝のもちぐされですよね。ポイントは3つです。

①　資料は，精選する。合計3つが適量。
②　図，グラフ，イラストなどは，大きく，はっきりと提示する。
③　何のために見せるのか，何を見せるのかを考える。

〇地図の提示は，カラーコピーで印したり，プロジェクターなどで大きくして提示する。
　・誰から見ても一目瞭然！　が良いですね。それでも分からない子どももいることを想定しておきましょう。完璧はあり得ないです。

〇掲載されている情報を精選し，視点を明確にする
　・長文の中からキーワードをマーカーで色付けしたり，要約したものをプリントなどにしてまとめる。

〇見る範囲を限定する。
　・教室でプロジェクターなどで投影し，ここだ！　と示すと分かりやすいですね。

○目的をはっきりさせる

・地図や資料も，学習の目標を明確にして使うことが大切です。
ただやみくもに地図帳や資料集を使いなさいではなく，地図を使う
ことが課題解決につながる場合は，「地図帳の○ページから探す」
などと限定することも良いでしょう。

　単元ごとに資料集などを作成する場合，著作権に気をつけたいです。
引用元を掲載するのは大前提です。あれもこれも載せるのではなく，資
料の厳選をすると良いでしょう。

　全体へ提示して考えさせる場合も，「この資料から考えようね」など
と個別に声をかけることで，視点が明確になり，見る範囲も自ずから限
定されるので，効果が高いかもしれません。ある教科書会社は，思考し
やすいように，見開きページ内に，図やグラフ，イラストの掲載は，合
計３つまでと伺ったことがあります。

　さらに，資料の文字の大きさや色についての配慮が必要でしょう。文
字の大きさは，極力，教科書の文字の大きさよりも小さくならない方が
良いでしょう。どちらかというと，大きめがベストです。

　色は，赤と緑などを見分けられない子どもがいることも，気にとめて
おくと良いですね。

第 6 章　専手必笑！困っている子どもへの手立て

社　会
② 学習課題に気付くことが困難な子ども

　社会的事象を理解しやすくするために，写真などの資料や発問を工夫すると良いでしょう。
　ポイントは，

> ①　資料を焦点化する。
> ②　動画→写真→イラスト→文章→言葉の説明の順が分かりやすい。

です。

　子どもたちが興味がわく資料，かつ，分かりやすいものの順序です。準備に少し大変なのは，動画ですが，これはアニメーションでも良いですね。ウェブサイトには，NHK for School を始め，たくさんのコンテンツがあります。
　シンプルに焦点化し，一目瞭然の視覚化で，子どもたちの理解を深めたいですね。そして，厳選された発問で子どもたちの脳に汗をかかせたいですね。最近よく目にする「脳動」的な授業ってやつですね。一日に１回で良いのでこのような授業があると素晴らしいです。

社　会
③ 予想を立てることが困難な子ども

　グラフや図を見て，見学した後や学習したことをもとに考える学習場面があります。ポイントを３つ挙げます。

①	見通しがもてるようヒントになる事実をカードに整理し，示す。
②	学習順序を考えられるようにする。
③	見本を示したワークシートを提示するなどの指導の工夫をする。

　情報収集や考察，まとめの場面において，考える際の視点が定まらない場合には，完成形，つまりゴールを見せることで，理解しやすくなります。これは，国語や算数にも通ずることです。例えば「ガイドブックを作ろう」という学習には，教師の教材研究の中で，お手本となるものを作っておくのです。子どもの学習過程において，見通しをもつことは，大事です。

　単元が始まる第１時間目には，学習計画を提示したり，子どもたちと立てたりすることで，見通しをもつことができます。私も，子どもたちにノートに記すように指導していました。最近国語科では，教室内に大きく掲示する実践も多くなってきました。
　これをすると，放っておいても学習が始まっていることがあります。主体的で対話的な浅い学びだったかもしれませんが，低学年を担任していると２学期後半から，動き始めます。

　考えたりまとめたりする順番が書かれたヒントカードを渡したり，学習に必要となる，キーワードを提示して，考えるための手立てとすることも必要でしょう。また，教師が作成した見本などを提示することで，学習のゴールを想起させることも大切な指導のポイントです。これらを意識して，教材研究・単元計画を立てると，困らないですよね。

第6章 専手必笑！困っている子どもへの手立て

算　数
 抽象度の高い言葉の理解が困難な子ども

　算数にも学習用語があります。しかし，なかなか日常で使わない用語が多いです。ポイントは，

> 今まで習った言葉や発達段階に応じた分かる言葉に置き換える

ことです。

　例えば，計算の答えの名称です。「和」「差」「積」「商」などは，日常使わないでしょう。
　「では，足し算の答え，和を求めましょう」などと授業の中で使い，徐々に浸透させたいです。足し算の答えは，「和」などと掲示することも必要かもしれません。
　児童の興味・関心や生活経験に関連の深い題材を取り上げて指導することも必要でしょう。でもこれは，算数だけではない話ですよね。

　注意することもあります。学習用語を分かりやすくすることは，大切なことです。しかし簡単な言葉に置き換えることに終始してしまうと逆効果です。

　低学年では，ちょっとしたごっこ遊びなどを取り入れることがよくあります。その中で，フラッシュカードの「音読」（目と耳），用語をノートに「視写」（目と動作），授業でやったことをしばらく「掲示」（視覚化）など，子どもたちの学習スタイルに合わせた指導法で取り組みたいものです。

105

声に出すことだけで理解が深まることがあります。音読は、国語だけではなく全教科で使っていきましょう。ただ範読を聞かせているだけは、もったいないです。脳の覚醒レベルがどんどん落ちていくからです。音読による脳の活性化の話題は、ちょっと調べたらすぐに出てくるぐらい有名です。

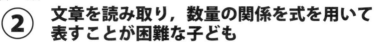

算数
② 文章を読み取り、数量の関係を式を用いて表すことが困難な子ども

数と言葉をなかなか置きかえられない子どもがいます。数量の関係をイメージできるように、子どもの経験に基づいた場面や興味ある題材を取り上げることがポイントになります。

---

① 場面を具体物を用いて動作化させる。
② 解決に必要な情報に注目できるようにする。
 ・文章を一部分ごとに示す。
 ・図式化する。

生活経験などを通して学習を仕組むとイメージさせやすいでしょうね。東京書籍の教科書は、導入はそうなっているものの単元半ばになると……。というところが多いように感じています。

そこでT1, T2で、小芝居をしながら……なんてことも有りですが、毎回は難しい。

そこで、NHK for Schoolの番組「さんすう犬ワン」（1〜3年）、「さんすう刑事ゼロ」「マテマティカ2」（4〜6年）を使います。結構使えます。何よりも10分間弱。懐かしいお笑い芸人も出ているぜぇ。（笑）

第6章 専手必笑！困っている子どもへの手立て

まあ，これも全単元，全時間あるわけではないので，本校で導入している「子どもが夢中で手を挙げる算数の授業 校内フリーライセンス版」（さくら社）を使うのです。特に図式化は，パターン化して何度も見せることがポイントです。ソフトが一番早いです。

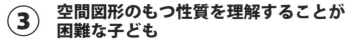

③ 空間図形のもつ性質を理解することが困難な子ども

空間図形を思い浮かべることが難しい子どもへの指導のポイントは，

① 空間における直線や平面の位置関係をイメージで提示する。
② 立体模型で特徴のある部分を触らせる。
③ ①，②などを使って，言葉でその特徴を説明したり，図やイラストを使って理解を深めたりする。

空間における直線などは，生活の中ではなかなか目にしません。そこで，位置関係が分かる図を提示したり，具体物として触らせたりすることで理解を図ります。これらも，アニメーションを利用すると，より効果的でかつ記憶に残りやすいようです。

立体の見取図や展開図を見比べて，位置関係を把握する学習活動も，言葉だけの説明では苦しいものがあります。また，見取り図を見せても，モノクロでは分かりにくいこともあります。ICT機器を利活用したいものです。カラー化や上記のアニメーション化した教材を用意します。先ほど紹介した「子どもが夢中で手を挙げる算数の授業 校内フリーライセンス版」（さくら社）は，私にとっての必須アイテムになっています。
　見取り図の立体や展開図の模型を見せたり，時には，作らせたりする

ことで，イメージ化を図ります。そして感じ取ったり，見つけ出したりした特徴を言葉で話させ，書かせる中で，言語化につなげます。

算　数
④ データを目的に応じてグラフに表すことが困難な子ども

　集めた情報を集計するだけでいっぱいいっぱいの子どももいます。データを目的に応じてグラフに表すことが難しい子どもへのポイントは，

① 同じデータを使って，折れ線グラフの縦軸の幅を変えたグラフや棒グラフ，帯グラフにしたグラフに表して見比べる。
② ①を見比べて，どれが一番分かりやすいかの学習を通して，よりよい表し方に気付くようにする。

　「グラフをひたすら描く！」ということも大切かもしれません。私が子どもの頃は，5mm方眼帳なるものを購入し，がんがん描いた記憶があります。しかしこれからの子どもたちの将来を想像したときに，表計算ソフトを使って処理することが重要になってくるのではないでしょうか。ご存知でしょうが，数値を入れると，瞬時に様々なグラフが作成できるからです。次々と変更する中で，このグラフの表し方の方が分かりやすいということを体感できることでしょう。子どもたちのパソコンにMicrosoft Excel が入っていたり，株式会社ジャストシステムの「ジャストスマイル」には，表・グラフのソフトが入っているので，使うようにすると良いでしょう。

第6章 専手必笑！困っている子どもへの手立て

理　科
① 実験の手順や方法を理解することが困難であったり，見通しがもてなく学習活動に参加することが困難な子ども

　これは，実験の手順を学習の手順と置き換えることで，全ての強化に通ずるポイントになります。

---

① 学習の見通しがもてるように，
　・実験の目的
　・実験の手順や方法
　を明示する。
② 実験の手順や方法はイラストや写真等の資格情報等も提示する。

---

　①については，国語でも記したように，学習の見通しは大切です。
　目的の明示は，インクルーシブ教育の視点から考えると，どの教科でもしてほしい事柄です。
　「子どもたちが自然に見いだして……」と言われる先輩先生もおられますが，見通しがもちにくい子どもにとっては，それは難しい課題となることがあります。

　または，授業における学習パターンをつくり，伝えてもよいかもしれません。2，3学期になると，子どもたちだけで活動が進められることでしょう。
　・授業のめあての確認
　・予備実験課題，既習事項からの疑問，練習課題
　・実験，観察，発展課題
　・振り返り，学んだことのまとめ，さらなる疑問
　以上の4つで授業展開をすると，子どもたちも次は，これ！　と判断

109

して学習活動を進めていく場合があります。それを達成するために、子どもはどのような思考をするかを想定しながらの教材研究をすることになります。大変ですが……。

　実験の手順については、言葉だけの指示では、たくさんの子どもたちが困ることでしょう。図やイラスト、写真などを使って、提示したいものです。昨今は、デジタル教科書や指導書などに付いているデジタル教材に収納されているので、ICT機器を使って、提示すると便利です。その際、終わった所は、隠すことも可能です。

　これも、子どもによって対応が変わります。全部の手順を見せた方が良い子ども（同時処理型）と、全部を見せずに、今取り組んでいるところのみを見せた方が良い子ども（継次処理型）がいるのです。だから、子どもの実態に合わせることが必要です。詳しくは、拙著『新学期から取り組もう！ 専手必笑気になる子への60の手立て』（喜楽研）に掲載しているので、手に取っていただけると幸いです。

理　科
燃焼実験のように危険を伴う学習活動において、危険に気付きにくい子ども

　理科の実験は、成功することよりも、安全管理が最優先です。だからこちらのポイントは、

---
① 　教師が確実に様子を把握できる場所で活動させる。
② 　安全を確保するために、最悪を想定して、ぬれぞうきんや消火器、タオルなどの準備も怠らないこと。

第6章　専手必笑！困っている子どもへの手立て

　兎にも角にも，安全管理が最優先。成功するか否かは，あと！　と良い意味で割り切ることが大切です。だから，これらはポイントというよりは，当たり前だろう！　って気がするのは，私だけでしょうか。

　このような場面によく遭遇します。実験でしてはいけないことを説明するときに，
　「〇〇に，火をつけてはいけません。」
　「先に，Aの液体を入れてはいけません。」
と，語尾が「してはいけないこと」になっている指示です。

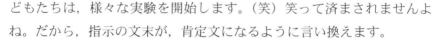

　これでは，こういった子どもたちの思考の中で，
　「では，どうしたら良いのかなあ。」
　「じゃ，こうしたら良いのかなあ。」
と，衝動性が高い子どもや好奇心旺盛の子どもたちは，様々な実験を開始します。（笑）笑って済まされませんよね。だから，指示の文末が，肯定文になるように言い換えます。
　「〜しません。だから，〇〇します。」
という言い方になります。音声言語による指示だけでなく視覚化するための文章化も同じです。

理科
③　**自然の事物・現象を観察する活動において，時間をかけて観察することが困難な子ども**

　45分間観察タイム……。こういった子どもにとっては，難しい課題になります。そのポイントは，

111

① 観察するポイントを示す。
② デジタルカメラなどのICT機器を利活用する。

「今日は，アサガオの観察をするよ。かんさつ日記（ワークシート）に，どんどん書いてね。あっ，絵には色を塗ってよ。じゃあ，植木鉢のところに行ってきて。」
などと指示していませんか。

長時間の集中が続く子どもばかりの集団では，取り組みやすいでしょうが，集中の続かない子どもについては，観察のポイントを挙げ，そのポイントについて記入するワークシートを用意することが必要でしょう。観察する視点を複数挙げておくのです。

「1 花，2 茎，3 葉を観察。そして，4 数を数える」などと，観察カードに取り組むことを書いておくと，スムーズに活動を進めることができます。

① 言葉での説明や指示だけでは，安全に気を付けることが困難な子ども

生活科では，様々な体験的な学習があります。安全性を確保しながら取り組むのですが，興味関心が強かったり，好奇心が高くてすぐに活動を始める子どもたちがいます。そのような子どもたちへのポイントは，2つです。

① なぜ危険なのかを想像できるように，説明や指示の意味を伝える。
② 体験的な事前学習を行う時は，その事前学習をしておく。

第6章 専手必笑！困っている子どもへの手立て

　伝えるときには，指示で使う言葉を短く，分かりやすく話すことが大切です。動画や写真，イラストなどを使って，危険であることを指導します。

　場合によっては，正しい取り組み方の手順を示すことも大切です。低学年なので，必要以上に怖がらせる必要はありません。大きな音が苦手であったり，初めて取り組むことに対して過度に緊張したりする子どももいます。背景を理解しつつ，取り組みに消極的であっても，責めるような口調で話さず，傾聴姿勢で関わることです。

生 活
 みんなで使うもの等を大切に扱うことが困難な子ども

　何でも乱暴に取り扱ってしまう子どもがいます。でも本人は雑に扱いたいわけではない場合もあります。不器用さから，うまく持てなかったり，操作できなかったりするからです。
　不器用さではない理由でものを大切に扱うことが難しい子どもには，

① 大切に扱うことの意義や他者の思いを理解できるように指導する。
② 児童生活経験等も踏まえて，学習場面に適した内容を具体的に教える。

　指導は，一筋縄でいかない場合もあるので，
「公共のものだから大切に扱うのだ！」
と正論を振りかざしすぎないことです。直球がだめな子どもって，いますよね。

具体的に

　・大切に扱うと次も使える，次の人も使える。

　・家族の宝物を例示しながら，学校・町の宝物である。

ことなどを話し，イラストや写真を使って説明すると良いでしょう。その子どもの好きな物を使って話すと伝わることが多いです。くれぐれも，頭ごなしには言わないことです。ADHD傾向の子どもには，一歩引いて，「先生からお願いがあるんだけど……」と話すと伝わることがあります。

① 音楽を形づくっている要素，リズムを取るのが困難な子ども

　一年生の入学当初の音楽の学習は，ひらがな・かたかな習得の要素がいっぱい入っています。聴き取りが難しい子どもへのポイントは，2つです。

---

① 要素に着目しやすくなるよう，音楽に合わせて一緒に拍を打つ活動を取り入れる。

② 体を動かす活動などを取り入れ，要素の表れ方を視覚化し，動作化を取り入れる。

　これは，子どもの学習スタイルに合わせた指導のバリエーションをもっておかないと難しいです。

第6章　専手必笑！困っている子どもへの手立て

あるリズムを指導するときには……

A　視覚優位型（日本人に多い）

音の長さや速さなどを数字やイラストなどで示す。

B　聴覚優位型

ずばりそのものを聴かせる。

C　体得運動型

動作化や反復練習をし，体で覚える。

もちろんこの3つの学習スタイルは，全教科に言えることです。

動作化については，どこのクラスでも取り入れて良いものだと考えていません。動作化をして学習が深まると強く確信を得たのならば，取り組んでも良いでしょう。しかし，茶化すような雰囲気や学習から離れてしまうような集団になってしまっているときには，避けた方が良いです。

例えば，真似をさせてできた！　と思っても，それだけはできるけれども，ほかはできなかったり，意味を理解していなかったりすることがあるのです。真似ができたから理解したのではないということです。

学ばせる内容は何か。つまりつけたい力は何かをどこかへ置き忘れてしまうと，「活動あって学びなし」となってしまいます。

音　楽

多くの声部が並列している楽譜など，情報量が多く，自分がどこに注目したらよいのか混乱しやすい子ども

合唱の楽譜は，学年があがるにつれて，パートが増えます。合奏になると，自分の演奏する楽器以外の楽譜も掲載されています。ポイントは，2つの視覚化です。

> ①　拡大楽譜などを用いて声部を色分けする。
> ②　リズムや旋律を部分的に取り出してカードにし視覚化する。

115

単純な拡大のみでは，駄目な場合もあります。
・パートごとに，色分けをする
・フラッシュカードにして，分けておく
・小節ごとに，楽譜を区切ったり，分けておく
・演奏しているところが，赤く光るようなソフトを使う

図画工作
 変化を見分けたり，微妙な違いを感じ取ったりすることが困難な子ども

　図工の学習は，自分の思いえがいている作品に対して，様々なアプローチ方法があることでしょう。変化や違いを感じ取ることができるようにするポイントは，

児童の経験や実態を考えて，特徴が分かりやすいものを例示する

ことです。

　彩色することで，絵のイメージがどのように変化するかや，画用紙を切る用具を変えたもの，例えば一般的なはさみと歯の形がギザギザになったものとの切り口の違いを見つける活動を入れるとよいでしょう。それらを実際に取り組ませて，体感させることもよいでしょう。

　また比較するために，焦点化します。観る範囲を狭めたり，印をつけたりして，そこに着目するようにするとよいでしょう。

　多様な材料や用具などを用意するだけでなく，種類や数を絞ることも有効な手立てです。

　手で触ることで素材の質感などが分かるような教材もいいかもしれません。そして，学習のゴールとなる見本を提示することで，見通しをもって活動に取り組むことができます。

第6章 専手必笑！困っている子どもへの手立て

　このポイントも，どの教科にも言えますよね。社会の資料で考えさせるときに，焦点化させたり，印を入れたりすることもできます。

図画工作
② 形や色などの特徴を捉えることや，自分のイメージを持つことが困難な子ども

　形や色の特徴を捉えたり，想像したことを形に表したりすることが難しい子どもがいます。少々長文なポイントです。

> 　形や色などに気付くことや自分のイメージをもつためのきっかけを得られるように，感じたことや考えたことを言葉にするような手立てをとる。

　形を描かせると，なんだかちょっと違うかなと思う形。空間認知と呼ばれる認知能力による差が，作品に現れます。ただ，「描きなさい」では，本人のやる気を失わせることになるでしょう。子どもに言葉をつぶやかせながら，それらを記録させて見返すようにさせれば，自分のイメージにつながることでしょう。

　または，形と言葉の変換リストなどを用意してはどうでしょうか。
　　□→四角，角がある，辺４本……
などです。感情の言葉のリストとして，国語の教科書（光村図書）「ことばのたからもの」を使うと良いでしょう。教室内に掲示してもいいんじゃないでしょうか。

家庭科

学習に集中したり，持続したりすることが困難な子ども

　家庭科の学習の中で，調理をしたり裁縫をしたりする活動では，困難さを見せることでしょう。これらについて先生方が，「想定内」と割り切って対応すると良いですね。そのためのポイントは，3つです。

---
① 落ち着いて学習できるようにするため，道具や材料を必要最小限に抑えて準備する。
② 整理・整頓された学習環境で学習できるよう工夫する。
③ 見通しをもたせるために，事前に完成品などを用意しておく。

　これらは，家庭科だけではなく，生活科や図画工作などの作品を作成する学習全般に言えることです。

　ずばり構造化に取り組むのです。
　TEACCH*（ティーチ）プログラムという主に自閉症のお子さんへの効果的な療育法があります。
　物理的構造化，スケジュール，コミュニケーション，ワークシートなどに対してそれぞれ，細分化されています。詳しくは，そちらの専門書を読んでいただくことをお勧めします。

　子どもが使う道具や材料は，自由に選択できるようにしておき，必要なものだけを使うことができるようにします。そのために，置いている場所や引き出し，棚などに，名前を書いたり，イラストや図で示しておきます。

＊ Treatment and Education of Autistic and Communication handicaped CHildren

第6章 専手必笑！困っている子どもへの手立て

　完成品があると，見通しをもちやすいものです。つまり，ゴールを示すことです。そのための道筋を視覚化し，細分化するのです。

家庭科
　周囲の状況に気が散りやすく，包丁，アイロン，ミシンなどの用具を安全に使用することが困難な子ども

　子どもの背景から，持たせてはいけない場合もあります。周囲の子どもの安全のために……という観点から使用しない選択もあります。ポイントは，4つです。

---
① 場の構造化をはかる。　＊構造化については，第3章参照。
② 危険を想定する。
③ 使うタイミング，片付けるタイミングを考慮する。
④ 危険なことが，起こってしまっても対応ができるように準備しておく。

　安全のために，手元に教材を置いて，活動に集中して作業に取り組めるようにしたいものです。個別の対応ができるような作業スペースや作業時間を確保することが大切でしょう。
　できる限り広い場所を確保することが一番大切かもしれません。時には思い切って教室から出て，特別教室を使うことも一考です。

　もちろん，危険なことが起こらないように，「専手必笑」です。
　火を使うのなら，濡れタオルを用意しておいたり，消火器の場所を確認しておくことも念頭に置いておきましょう。
　そうそう，活動には，場所と時間の確保，物の準備が不可欠ですよね。

体育

① 複雑な動きをしたり，バランスを取ったりすることに困難がある子ども

　体育の学習で何だか動きのぎこちない子ども。体つくり運動の中で多様な動きをさせたいものですね。走る一つとっても様々な動きの組み合わせになっています。ポイントは，2つです。

---

① 動きを細分化して指導する。
② 適切な補助をしながら取り組むように指導する。

　目的とする動きに到達するまでの動きや型を細分化して提示することで，それぞれ一つずつの「できた」が生まれます。褒める回数も増えるということです。これらは，写真やイラストを使うと効果的です。もしできるのであれば，示範します。

　最近では，カシオから，学校専用のデジカメが販売され，スローモーションで録画し，二画面にして見比べる物も出ています。市販の動画と本人の動画を見比べることができると，できているところ，そうでないところが一目瞭然ですね。

　文部科学省のサイト（トップ > スポーツ > 子どもの体力向上 > 学校体育の充実 > 指導資料集）には，たくさんの手立てが紹介されています。
http://www.mext.go.jp/a_menu/sports/jyujitsu/1330884.htm

第6章　専手必笑！困っている子どもへの手立て

体　育

② 勝ち負けにこだわったり，負けた際に感情を抑えられなかったりする子ども

　活動の見通しがもてなかったり，考えたことや思ったことをすぐに行動に移してしまったりすることがあるため，このようなことになり困ってしまいます。ポイントは，2つになります。

---

① 活動の見通しを立てる。
② 勝ったときや負けたときの表現の仕方を事前に確認する。

　見通しをもたせ，手立てをとることで，多くの子どもたちの困っていることを減らすことができるでしょう。私たちも，この講演会は，16時に終わると思うと，座って話を聴くことができます。子どもも大人もあまり差がないのかもしれません。

　勝ち負けの表現法は，体育のゲーム学習の時に必ず指導しておきたい事柄です。
　「勝ったらばんざいをする。負けたら拍手をし，次はがんばるぞ！と言う」などの約束事を決めておくのです。学習単元の始まりに，「悔しい気持ちになったときは，どうするのか」を確認しておくのです。しかし，約束をしたからと言って，「ルールを守りなさい！」と強く言わずさりげなく促すことがポイントです。対話による合意形成ですよね。
　運動会の練習などで「今日は白組が勝ちましたが，紅組も勝ったことにして，万歳の練習をしましょう」という指示は，まずいです。子どもたちの気持ちと裏腹の練習は，身につかないからです。
　場合によっては，「嫌味か！」と子どもたちが，先生に対してマイナスの印象をもってしまうこともあります。

121

外国語

 音声を聞き取ることが困難な子ども

いよいよ外国語が正式な教科化となります。英語ができる先生はますます貴重な戦力となるのでしょう。3つのポイントを挙げます。

① リズムやイントネーションを手拍子で表現する。
② 音の強弱を手などを上下に動かして表す。
③ 本時の活動の流れを黒板に明示する。

外国語と日本語の音声やリズムの違いに気付くことができるようにする工夫が必要でしょう。手拍子だけでなく，ICT機器を利活用する中で，見える化をはかりたいものです。

外国語・外国語活動は，授業のユニバーサルデザイン化を取り入れると，その効果が大きい教科だと考えています。今学んでいることを焦点化し，明確にすること。そしてそれらを共有し，交流することは不可欠でしょう。

まだまだ小学校での外国語・外国語活動は，広く深く研究されていくので，子どもたちの困っていることが明らかになってくることでしょう。

発音なども，場合によっては，記号化することで，分かりやすい子どもがいると聞きます。音声だけでなく，口形などの動画も有効的です。

外国語

 長い単語や文になるとどこに注意を向けたらよいのかが分からない子ども

第6章 専手必笑！困っている子どもへの手立て

　国語と違って，子どもたちにとって，外国語が書かれた文字や文は，目にすることが少ないかもしれません。ポイントは，2つです。

① 外国語の文字を提示する際に字体をそろえる。
② 線上に文字を書く時には，色や配置を工夫する。

　語のまとまりや文の構成を見て捉えやすくする工夫を取り入れます。低学年の国語の教科書の分かち書きのように，単語と単語の間を広く開けてみたり，単語の意味となるイラストを下に描いたりして，捉えやすくします。

　ローマ字などには，たくさんの書体があります。あれもこれも使うのではなく，教科書の書体を基本とし，字形の理解に努めます。これも，漢字指導と同じように，書体によって，はらったり，はねたりするところが違いますが，間違いではありません。

　黒板などに単語カードを掲示するときも，間を開けたり，文頭をそろえたりすると，捉えやすくなります。

道徳

 相手や登場人物の気持ちを想像することに困難がある子ども

　外国語だけでなく，道徳も教科化ですね。こちらは，少し国語科と似ているのかもしれません。ポイントは，

① ことばそのままに解釈することを受け入れる。
② 言動を劇化して理解をはかる。

　相手の気持ちを想像することが苦手で字義通りの解釈をしてしまうことがあります。定義通りとは，55頁の「教室は間違えるところだ」の事例です。また，暗黙のルールや一般的な常識が理解できないことがあります。だから，道徳的価値を教師の価値観で共有することができない場合があります。

　陥って欲しくないのは，
　・教師の授業が，考えさせる流れではなく押しつけとなっている
　・障害のある子どもだから仕方がない
の2つです。

　これは，冒頭に述べた子どもの背景理解がベースになります。例えば，心情理解のために，登場人物の会話文などを役割交代して，音読させたり，動作化させたりします。
　また，道徳教材そのものをソーシャルスキルトレーニングとして扱い，相手が不快に思う行動，互いにうれしい行動などを劇化し，感じたことを伝え合う中で，理解を深める学習法を取り入れます。
　その後，ルールを明文化して，振り返り学習に活かすのです。

道　徳
② 道徳的価値を正しいと知りながらも　実行に移すことが困難な子ども

　道徳科には，評価もあります。子どもの実態だけでなく，評価をすることも，悩みの種になることでしょう。場合によっては，「あの子は，

第6章 専手必笑！ 困っている子どもへの手立て

どうしてそのような思考回路になるのだろう」と教師自身が迷うかもしれません。評価のポイントは，

> ① 相手の意見を取り入れようとしている姿や自分の考えを深めようとしている姿を評価する。
> ② 振り返り学習で導かれた道徳的価値を自分のこととして捉えようとしたことを評価する。

道徳科の評価ですから，できた，できないではないのですから，必ず子どもの特性を理解した手立てをとることが欠かせません。

今後，この点については，様々な資料が増えてくることでしょう。少なくとも各地方の教育委員会が発信してくれます。大いに参考にしたいものです。

くれぐれも，子どもは，相手の気持ちを理解したい，想像したいと思っても，なかなかその通りできないこともあることや，これが正しいと分かっていても，その通りにできないことがあることを踏まえ，一人ひとりの学習上の困難さの実態を踏まえて評価したいものです。その子の評価は隣の子と比べての評価では，ないからです。その子が道徳的価値をどう捉えようとしているかが大切になります。

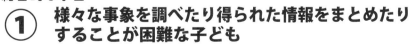

総合的な学習
① **様々な事象を調べたり得られた情報をまとめたりすることが困難な子ども**

総合的な学習の時間だけでなく，国語，社会，理科にも通じます。ポイントは大きく2つです。

① 着目する点や調べる内容，まとめる手順や調べ方について具体的に提示する。
② 現在の関心事を核にして，それと関連する具体的な内容を示す。

　調べたことなどを羅列してかき集めるのではなく，例えば，1枚のワークシートに1つの項目を書くようにします。各項目ごとに書いたワークシートを整理すると一つの作品になるようにしておくと，集中度も高くなります。

　ICT機器などのソフトウェアやアプリを使うことも効果的です。最近の子どもたちは，あっという間に覚えます。教師の不安は，どこへと思ってしまうほどです。

　活動についてのゴールを示しておくために，完成見本などを準備しておくと良いでしょう。

　関心がなかなか湧かない子どもに対しては，まず身近なことから想像するようにしたいです。それを言葉として書き出し，次々と派生して連想するような言葉のウェビングなどの見える化を図ります。イラストや図，写真などを使って，連想しやすくしましょう。

総合的な学習
② 様々な情報の中から，必要な事柄を選択して比べることが困難な子ども

第6章　専手必笑！　困っている子どもへの手立て

あれもこれもと集めることは得意だけれど，選ぶことが難しいのは，教師の方かもしれません。そのためのポイントは，2つです。

① 比べる際，比べる視点を明確にする。
② より具体化して提示する。

比較だけではなく，活動するための方法や手順を示すためのヒントカードなどを用意しておくと良いでしょう。そして，何よりも教材研究の中で，提示する資料は，簡潔な物にし，手本となる掲示用の教材を準備しておくことです。

ヒントカード
① 取材　集める
② 構成　各順序を決める
③ 記述　書く
④ 校正・推敲　読み直す

総合的な学習
③ 人前で話すことへの不安から，自分の考えなどを発表することが困難な子ども

総合的な学習の時間の最後は，発表会が多いですよね。安心して発表できることが一番ですね。ポイントは，

① 発表する内容について紙面に整理し，見ても良いことにしておく。
② 子どもの表現を支援するために，ICT機器などを活用する。

国語の話すことの学習に似ています。話す内容に関する写真やイラストなどを用意し，事前に話すことを教師が確認しておきたいものです。

言葉による発表のみと考えず，たくさんの表現方法があることを大前

127

提としておくことも忘れないでいただきたいです。子どもの実態によっては，読み上げソフトの使用も想定しておきましょう。

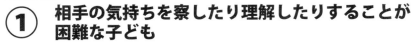

特別活動
① **相手の気持ちを察したり理解したりすることが困難な子ども**

こちらも他教科にも通じるポイント3つです。

---

① 他者の心情等を理解しやすいように，役割を交代して相手の気持ちを考えるようにする。
② 相手の意図を理解しやすい場面に置き換える。
③ イラスト等を活用して視覚的に表す。

相手の考えや気持ちを想像しやすいようにと，表情マークなどを使って，登場人物の心情に寄り添う手立てがあります。でも表情マークは，大半がイラストです。子どもの中で想像しにくいことがあります。どんな支援グッズも万人に対して有効だということはありませんので，冒頭で述べた子どもの背景に応じたものを使うと良いでしょう。

ソーシャルスキルトレーニングなどを取り入れ，その子どもにとって身近な話題やロールプレイに取り組むことも良いでしょう。

さし絵や文章に合ったイラストを作成し，それから心情を想像させる学習を取り入れることで，学

第6章　専手必笑！困っている子どもへの手立て

習への参加も増えることでしょう。

特別活動

学校行事における避難訓練等の参加に対し，強い不安を抱いたり，とまどったりする子ども

避難訓練などがある日は，欠席をする子ども。

訓練当日朝から，泣いている子ども。

このような子どもたちは，これまでに恐い思いをしたのでしょうか。それとも，人よりも感じ方が強い特性をもっているからでしょうか。本人にとっては，泣くほどのことですから一大事です。ポイントは3つです。

① 見通しがもてるように，各活動や学校行事のねらいを視覚化して伝える。
② 活動の内容，役割や取り組み方の方法について，視覚化して伝える。
③ 事前指導を行うとともに，周囲の児童に協力を頼んでおく。

しだいに気にならなくなってくることでしょう。しかし，数年かかることでしょう。ここでのポイントを1つに絞るとすると，「見通し」がキーワードになります。これも他教科の授業にも通じることです。

・取り組み方などを視覚化し，手順などを明確化する。

・ねらいが達成されるのであれば，少々のことは，スルーする。
・不安なことについてその子どもから聞くことができる場合は，確認をし，「これは，練習だよ」などと話し，不安を取り除く工夫をする。

などが大切になることでしょう。

参考文献

・文部科学省ウェブサイト
・厚生労働省ウェブサイト
・独立行政法人国立特別支援教育総合研究所ウェブサイト
・学習指導要領各教科解説
・竹田契一・上野一彦・花熊曉監修『特別支援教育の理論と実践（全3巻）』（金剛出版）
・東京都日野市公立小中学校全教師，日野市教育委員会『通常学級での特別支援教育のスタンダード』（東京書籍）
・「世界の特別支援教育」24　国立特別支援教育総合研究所
・関西国際大学　中尾繁樹先生の夜間講座
・菊池省三『菊池先生の「ことばシャワー」の奇跡 生きる力がつく授業』（講談社）
・菊池省三『小学校発！ 一人ひとりが輝くほめ言葉のシャワー』（日本標準）
・菊池省三編集，菊池道場兵庫支部『白熱する教室 No.03（今の教室を創る 菊池道場機関誌）』（中村堂）
・青山新吾・長瀬拓也編著『ゼロから学べる特別支援教育』（明治図書）
・赤坂真二編著『信頼感で子どもとつながる学級づくり 小学校編』（明治図書）
・中尾繁樹『通常学級で使える「特別支援教育」ハンドブック』（明治図書）
・青山新吾・堀裕嗣『特別支援教育すきまスキル 小学校下学年編』（明治図書）
・俵原正仁『なぜかクラスがうまくいく教師のちょっとした習慣』（学陽書房）
・花熊曉編著『〈小学校〉ユニバーサルデザインの授業づくり・学級づくり（通常の学級で行う特別支援教育）』（明治図書）
・関田聖和『楽しく学んで国語力アップ！「楽習」授業ネタ＆ツール』（明治図書）
・関田聖和『新学期から取り組もう！専手必笑 気になる子への60の手立て』（喜楽研）
・内田洋行　学びの場.com　つれづれ日誌（連載中）

あとがき

　多賀一郎先生・南惠介先生の著書『きれいごと抜きのインクルーシブ教育』（黎明書房）を拝読させていただきました。職員室で，気を使うこともなく，何気ない会話を横で聞いている感覚になりました。あの著書に書かれていることが日本の多くの学校での実態なのではないかと思っています。それだけに，たくさん共感することができました。

「あの子は，特別支援学級じゃないとやっていけないよ。」
「通級指導教室で，何とかしてもらえないかな。」
「いやいや，特別支援学校レベルだよ。」

という声があることも民間のセミナーなどで聞こえてきます。

　民間セミナーの講師にも，「特別支援教育など，私には関係がない。レッテル貼りだ」と言い切る方もおられます。

　特別支援教育は，子どもたちの学びの場を分ける教育ではありません。また，特別支援教育は，子どもにかかわる大人すべてに関係があります。もちろんレッテル貼りではありません。

　また，世界の流れは，インクルーシブ教育です。「障害のある者と障害のない者が共に学ぶ仕組み」にすることです。私も，特別支援教育が

進んだ究極の状態は，特別支援教育という言葉がなくなることだと思っています。そうです。環境が調整され，人々の意識ももっと開かれている状態です。

　インクルーシブ教育について日本は，これから進んでいく分野です。世界の中で乗り遅れないように，私たち教職員だけでなく，専門家や子どもたちにかかわる大人たちが，知恵を絞りだして，日本でできることを模索し続けなくてはならないでしょう。

　これを執筆している間，将棋をしようと声をかけてきたり，膝の上に乗ってきたりした秀和くんや聖奈ちゃんが大人になったころには，世界に誇ることのできる日本になっていることを願っています。私もそのために，インプットとアウトプットを繰り返しながら，日々精進し，子どもの背景理解ができる教師の育成に携わり続けたいです。そして，専手必笑の手立てを使い，子どもも保護者も教師もみんな笑顔になる姿を見続けたいです。

　最後になりましたが，黎明書房の伊藤大真様には，たいへんお世話になりました。心より感謝いたします。

　2018 年 9 月

関田聖和

◆著者紹介
関田聖和

1968 年兵庫県生まれ。平成 3 年より神戸市小学校勤務。現在教頭。平成 19 年度から，特別支援教育コーディネーターを担当。平成 22 年度より，特別支援教育士（S.E.N.S）。阪神教育サークル「楽笑」，授業道場「野口塾」神戸事務局長，菊池道場兵庫支部メンバー。

国語「書く」学習活動と授業づくり・通常の学級での特別支援教育・ICT 機器の利活用の 3 本柱で学級を創ってきた。

モットーは，「子どもにとっての最大の教育環境は教師自身である」「他人の不幸の上に自己の幸福を築かない」

単著：
・楽しく学んで国語力アップ！「楽習」授業ネタ＆ツール（明治図書）
・新学期から取り組もう！専手必笑 気になる子への 60 の手立て（喜楽研）

共著：
・ゼロからの特別支援教育（明治図書）
・特別支援教育すきまスキル（明治図書）
・全時間の授業展開をすべて見せる「考え，議論する道徳」（学事出版）
・朝の会・帰りの会の基本とアイデア 184（ナツメ社）など多数

＊イラスト・伊東美貴

せんてひっしょう！
専手必笑！
きょういく き そ き ほん がっきゅう じゅぎょう
インクルーシブ教育の基礎・基本と学級づくり・授業づくり

2018 年 9 月 25 日　初版発行	著　者	関　田　聖　和	
	発行者	武　馬　久仁裕	
	印　刷	株式会社太洋社	
	製　本	株式会社太洋社	

発　行　所　　　　　株式会社　黎　明　書　房

〒 460-0002　名古屋市中区丸の内 3-6-27　EBS ビル
☎ 052-962-3045　FAX 052-951-9065　振替・00880-1-59001
〒 101-0047　東京連絡所・千代田区内神田 1-4-9 松苗ビル 4 階
☎ 03-3268-3470

落丁本・乱丁本はお取替えします。　　　　ISBN978-4-654-02307-3
© K. Sekida, 2018, Printed in Japan

多賀一郎・南 惠介著　　　　　　　　　　　四六・158頁　1800円

きれいごと抜きのインクルーシブ教育

クラスで問題行動をとりがちな発達障害の子の「捉え方」「受け止め方」「対応の仕方」「保護者との関係づくり」などについて，今注目の2人の実践家が現実に即したきれいごと抜きの解決策を提示。

E.ショプラー編著　田川元康監訳　　　　　　A5・251頁　3000円

自閉症への親の支援
ＴＥＡＣＣＨ入門

自閉症児・者との生活の中で生じる困難な事態に対処する，親とTEACCHスタッフによる支援法の実際を，分かりやすく紹介する。

田中和代・岩佐亜紀著　　B5函入・書籍151頁＋カラー絵カード40枚　5000円

カラー絵カード付き　高機能自閉症・アスペルガー障害・ＡＤＨＤ・ＬＤの子のＳＳＴの進め方
特別支援教育のためのソーシャルスキルトレーニング（ＳＳＴ）

田中和代著　　B5函入・書籍77頁＋カラー絵カード32枚　4630円

小学生のための
3枚の連続絵カードを使ったSSTの進め方
カラー絵カード32枚（48場面）付き　　より体験的，効果的なＳＳＴを実現。

田中和代著　　　　　　　　　　　　　　　　B5・97頁　2100円

ワークシート付き アサーショントレーニング
自尊感情を持って自己を表現できるための30のポイント

誰もが自分らしく，さわやかに相手と違う意見を主張したり，断ったりできるアサーションスキルを身につけられる本。小学生からすぐ授業に使えます。

金子直由著　　　　　　　　　　　　　　　　B5・98頁　2400円

発達障害のある子の楽しいイキイキたいそう
歌と伴奏，動きのガイド入りCD付き

発達障害のある子どもが音楽を通して楽しく体を動かしたり，みんなと遊んだりできるイキイキたいそう32曲を楽譜とイラストを交え紹介。

廣木佳蓮・廣木旺我著　　　　A5・127頁（カラー口絵4頁）　1300円

お〜い！ お〜ちゃん！
自閉症の弟と私のハッピーデイズ

おーちゃんとの保育園から高校までの面白すぎる毎日を，「お前の弟，ガイジやろ！」と言われ悲しかったことなどもちょっぴり交え，姉の目から語ります。

＊表示価格は本体価格です。別途消費税がかかります。
■ ホームページでは，新刊案内など小社刊行物の詳細な情報を提供しております。
「総合目録」もダウンロードできます。　　　　　http://www.reimei-shobo.com/